高邮二王《春秋》学研究

——以《经义述闻》为例

刘泽琳　著

团结出版社

图书在版编目（CIP）数据

高邮二王《春秋》学研究：以《经义述闻》为例
/ 刘泽琳著 . -- 北京：团结出版社，2024.4
ISBN 978-7-5234-0418-8

I.①高 ... Ⅱ.①刘 ... Ⅲ I.①《春秋》- 研究 IV.
II.① K225.04

中国国家版本馆 CIP 数据核字 (2023) 第 178108 号

高邮二王《春秋》学研究:以《经义述闻》为例

出版发行：团结出版社
　　　　　（北京市东城区东皇城根南街 84 号）
电　　话：(010)65228880 65244790
网　　址：http://www.tjpress.com
E — mail：65244790@163.com
经　　销：全国新华书店
印　　刷：武汉鑫佳捷印务有限公司

开　　本：170mm×240mm　1/16
印　　张：13.5
字　　数：180 千字
版　　次：2024 年 4 月第 1 版
印　　次：2024 年 4 月第 1 次印刷

书　　号：978-7-5234-0418-8
定　　价：62.00 元

目　录

绪　论

　　古代经学家们普遍认为，《春秋》是孔子亲手书写的唯一著作，承载了孔子的全部思想，含有圣人垂教后世的大义。但因《春秋》叙事简略，故后世学者在解释《春秋》时，往往各立门户，互有不同，诠释之作相继出现，形成了以左丘明的《春秋左氏传》（以下简称《左传》）、公羊高的《春秋公羊传》（以下简称《公羊传》）和谷梁赤的《春秋谷梁传》（以下简称《谷梁传》）为主的三类派别，这标志着《春秋》学产生了分化。就此三传来说，《左传》是用古文写成，解经偏重于补充《春秋》所载史实，或为理解《春秋》经义提供背景；而《公羊传》与《谷梁传》则是用汉时的隶书写成，依经立传，侧重于阐释《春秋》义理。

　　西汉初期，在董仲舒的改造下，汉武帝罢黜百家，独尊儒术，将经学和政治相联系，使儒学成为封建正统思想。因董仲舒研习公羊之学，故其将《公羊传》及与其经义相近的《谷梁传》立为官学，使得今文经学占据了主导地位。今文博士更是谓《左传》不传《春秋》，而以《公羊传》《谷梁传》得《春秋》真意。西汉末年，古文经学家刘歆在王莽的支持下，将《左传》强行立为官学，自此拉开了以《春秋》三传为焦点的今古文之争的序幕。此后，今古文双方或尊己贬彼，或曲解经义，使得传文成为了两方互相攻讦的依据，更出现了"强经以就传"的情况，使"经学"沦为"传学"。在这一时期，唯有郑玄兼采今古文之优长，打破学派藩篱，但其注解最终是否成书，后世争论颇多。到了唐代，以啖助、赵匡为代表的经学家又开"舍传求经"之风，对三传的合理性和正确性提出质疑，主张直循《春秋》经文大义，使经解流于臆解。在此影响下，三传释文必然会出现诸多谬误。而后，宋明理学将儒释道三家融合，尊《春秋》为天道，学术勃兴。特别是程颐的《春秋》学经弟子发扬，逐渐成为宋明《春秋》学的主流，然其尊《春秋》只为证明儒家神权和王权的合法性，压抑了学术的创造性，仍为后人所诟病。

自先秦至清代，近两千年的论争与发展使得《春秋》学已成为一门相当系统的学问。但在流传过程中，或因传抄刻印的疏忽不慎，或因后人注疏的疏漏讹误，使《春秋》之学遭到了疑传。到了清代，统治者屡兴文字狱，导致士人大多不敢关注现实政治问题，促使乾隆、嘉庆时期的学者纷纷转向对古籍的整理、校勘、注疏和辑佚等工作，并提出治学之根本在于"实事求是"和"无证不信"，使得考据学大盛，这一学术流派也被称为"乾嘉学派"。由于学者引证多取于两汉，故又有"乾嘉朴学"和"乾嘉汉学"之称。在乾嘉学派内部，由扬州学者群体兴起的扬州学派在治学方法上较吴派和皖派有很大改进，他们熟练利用注释、校勘等研究手段，兼顾训诂与义理，贯通群经，将乾嘉汉学推向巅峰，高邮王念孙、王引之父子（以下简称"王氏父子"或"二王"）便是其中的杰出代表。

一、选题依据

王氏父子著有"高邮王氏四种"，分别为《广雅疏证》《读书杂志》《经义述闻》和《经传释词》。其中《经义述闻》一书是王引之的代表著作，荟萃了王引之与其父王念孙两代人校经的成果，也是王氏父子多年来通经致用的学术总结，记载了大量关于《春秋》经义的论说，包含父子二人对《春秋》经传独到的研究成果，在清代《春秋》学史上留下了浓墨重彩的一笔。在治经方面，王氏父子十分重视对经传的校勘，亦偏重作为训诂核心内容的词义训释，《经义述闻》最大的价值就在于这两方面。但相较其他清代学者的《春秋》学研究，关于王氏父子及《经义述闻》的研究和成果较少，有着充足的研究空间。

《经义述闻》涉及儒学经典十二种，共 2045 条，其中与《春秋》有关的条目就有 621 条，占到整体篇幅的四分之一。由此可以看出《春秋》经传在《经义述闻》中所占据的地位，以及王氏父子对《春秋》学的重视程度。因此，以《经义述闻》为中心，进行高邮二王《春秋》经传研究，具有重要的经学价值：

其一，可以正《春秋》经传之失。《经义述闻》广征博引，语有本原，王氏父子能够通过分析对比经传的讹误或误解，探寻传文本源，进而阐述经义。综合研究其中的校勘及词义训释，不仅可以触类旁通，挖掘出原书非为确证的观点，亦可以对《春秋》经传进行独特的阐释。赵伯雄在评价《经义述闻》对于解经方面的贡献时就提出："王引之以其缜密的思维，渊博的学识，对这些具体问题进行考证，往往能发千古之覆。许多前人的误解得到了纠正；许多虽经前人解释，仍觉牵强别扭之处，在王引之那里变得文从字顺了。"① 除此之外，王氏父子还继承了乾嘉学派文风朴实、重视书证的治学传统，并在此基础上多采用校勘补正和训诂释义的方法来驳诘前人注疏，对传统《春秋》学中的诸多问题进行了考释和梳理，其中的很多观点不仅被后世注本所接受，对于《春秋》经传的研究也有着非常重要的作用。

其二，可以探寻王氏父子对《春秋》经传的看法。王氏父子对《春秋》经传进行了全面而详细的考据，其研究偏重于《左传》。"《经义述闻》中有关《春秋》《左传》的部分虽只有二百余条，却代表着乾嘉学者在《春秋》《左传》上所做工作的主体方向。"② 此外，王氏父子对于《公羊传》和《谷梁传》也进行了探讨。因此，对《经义述闻》中《春秋》三传的内容进行研究，亦可以发现乾嘉学派对于《左传》的推崇以及对《公羊传》《谷梁传》的改造，并进而

3

---

① 赵伯雄 . 春秋学史 [M]. 济南：山东教育出版社，2004：654-655.
② 赵伯雄 . 春秋学史 [M]. 济南：山东教育出版社，2004：658.

推求王氏父子对于《春秋》三传的看法。且乾嘉学派有着尊崇汉注的传统，也可借《经义述闻》对《春秋》三传注疏的驳正情况来探究王氏父子对汉注的看法。

其三，可以填补高邮二王《春秋》经传研究的空白。王氏父子虽以小学见长，但亦深得《春秋》三传经义。在这一点上，王国维就曾论述"解经须得小学之助，其异字亦足供小学之资，故小学家多出其中"①。《经义述闻》是研究王氏父子的《春秋》学观点的第一手资料，体现了父子二人的校勘学及训诂学成就。然而后世在研究《经义述闻》时，往往只重片面的训诂或校勘，而缺乏对王氏父子考据学整体的把握，将校勘与训诂割裂开来。又或是忽视了对其中的人名考据与典章制度的研究。对于先秦典籍，若不认真考据就无法辨明经义，本文亦对《经义述闻》中的《春秋》三传部分进行详细的列举与研究，并选取部分观点进行驳正。

二、研究现状

由于王氏父子在学术上的突出贡献，后世学者对于王氏著作多有研究。如单殿元《王念孙王引之著作析论》就具体分析了王氏父子的四部著作，揭示了父子二人的学术脉络，并称赞《经义述闻》是一部"研究儒学群经的札记"。对于学术论文来说，裴学海《评高邮王氏四种》是较早系统研究王氏父子著作的论文，他以王氏父子著作为基础，将侧重点放在校勘考订上，列举例子分析其长处与不足，并对讹误之处做出了详细的考证。而关于王氏父子学术思想通论性研究与"高邮王氏四种"研究、训诂学研究、校勘学研究、语法和词汇研究等方面，详见本书所附《百年来高邮二王研究概况》。

关于王氏父子的《春秋》经传研究，梁启超《清代学术概论》《中国近三百年学术史》、吴雁南《清代经学史通论》、杨向奎《清儒学案新编》、张

---

① 王国维. 观堂集林 外二种 [M]. 石家庄：河北教育出版社，2001：202.

舜徽《清代扬州学记》、赵航《扬州学派概论》等著作都提出了论述，能够从乾嘉学派或扬州学派的整体学术风貌出发，对王氏父子的《春秋》学给出十分客观的评价。但对于王氏父子经学研究的专门研究，学界虽有少许专论，但还没有一部系统的专著，处于相对滞缓的状态。

三、研究方法

本书选取《经义述闻》中的《春秋左传》三卷、《春秋名字解诂》二卷及《春秋公羊传》《春秋谷梁传》各一卷，共计七卷，有261条与《春秋》相关的内容，结合王氏父子的生平及学术情况，系统地阐述《经义述闻》对《春秋》经传中的校勘和训释情况，并总结出其研究得失。以期能够系统全面地挖掘阐述《经义述闻》对《春秋》三传研究的借鉴意义、理论价值与影响，探寻王氏父子的《春秋》学思想。

首先，本文从王念孙、王引之父子生平经历及学术历程的具体实情出发，考证其学术渊源及师承背景，从社会、学派、家学、交游等多个方面探究影响其考据学思想的若干因素，从而发现王氏父子《春秋》经传研究思想的时代性及特殊性。其次，对《经义述闻》中与《春秋》经传有关的条目进行整理分类，并结合前人注疏及后世注本，对校勘和训释的内容、方法进行总结，并辨正部分考据有误的条目，探寻其校勘与训诂价值。最后，在宏观层面探寻王氏父子《春秋》经传研究得失，从相对朴学的考据独创、实事求是的治学作风、严谨有序的条目结构来证明其考据方面的成功，又从过分疑古、强改经典、误破假借、前后相悖等方面来考证其论证的缺失。以期能对王氏父子的《春秋》三传研究思想添砖加瓦。

本书正文共四章，从"学术来源、研究成果、成就评价"三方面入手，以《经义述闻》为依托，对其中的《春秋》经传研究进行详细的归类分析。第一章对高邮二王的生平经历作出简要阐述，又进一步探寻影响二王学术渊源的

5

因素，以此发现王氏父子学术思想的时代性及特殊性，再对《经义述闻》进行介绍及作者考辨。第二章从校勘角度对《经义述闻》进行研究，梳理校勘内容，分析致误原因，列举部分条目进行举例分析，并总结校勘价值；第三章对词义训释进行探寻，从训释内容和训释方法两方面，对训诂成果进行提炼，概述其训诂学价值；第四章概括了《经义述闻》中考据的成功和论证的缺失，系统全面地挖掘阐述《经义述闻》对《春秋》三传研究的借鉴意义、理论价值与影响。结语部分简述本书观点及创新点。本文在观察角度和论证思路等方面均有创新，如对王氏父子考据成果的辨正，及其校勘和训诂思想的总结。并将父子二人的校勘与训诂成果与杨伯峻《春秋左传注》等相比较，获取了一定的创造性成果。本文最后有二附录：一为《〈经义述闻〉勘考〈春秋〉经传条目集录》，将《经义述闻》中对《春秋》经传的校勘与训诂研究成果加以整理总结，以达到考究《春秋》经义之目的；又附有《百年来高邮二王研究概况》，分析近百年来高邮二王研究的新动向及存在的不足之处。

在研究方法上，本书采用传统的文献研究法、比较研究法等方法，辅以概括归纳和分析。并了解此课题的研究现状及尚待补充部分，将重点放在前人并未完整系统研究的课题——"高邮二王《春秋》学研究"，进一步探讨其对《春秋》学的影响。笔者将全面阅读《经义述闻》一书，集中分析其中与《春秋》学有关的部分，以专题形式对其中观点进行整理。同时，亦广泛阅读前人注疏，并对比今人研究成果，突出学术的时代性特征，以勘考王氏观点正误。最后，将主要条目与传世注本对应观点进行整合归纳，梳理相关之见解，由此证明何种观点被后世所采纳，又有何种观点被后世所辩驳，或进而提出自己的观点，以正三家之失，并进一步探求影响。在研究中，笔者特别注意王氏对于三传注的驳正，及由训诂释义和校勘补正所证得的经解注释新观点。并将其与后世注本进行辨正，对其中疏漏之处进行分析举证。虽此部分篇幅巨大，并进行小学校勘方面的辨正，但其重心在于王氏父子对于《春秋》经传的看法与驳正，又为王氏《春秋》经传研究的研讨添加了新材料、新路径。

此外，关于正文部分对《经义述闻》《经传释词》等王氏著作的引用，拙作以嘉庆年间王氏家刻本为底本，并参考虞万里、钱文忠、郭鹏飞等先生的成果进行重新点校，以期方便读者阅读。

王氏父子以经学训诂见长，又以声音通训诂为经，在研究期间需要依托广泛的小学及经学知识。且本文主要对于王氏著作中对后世《春秋》学有影响的条目进行筛选与分析，依然离不开前人对于王氏父子的校勘学、训诂学研究，还需从王氏父子的训诂批驳中探寻其对于经传注疏的看法。然而仅《经义述闻》中与《春秋》有关的条目就有 621 条之多，还需并与后世注本进行比较，工作量较多，难度较大，故在研究上笔者参考多家注疏，又引用前人观点。且阅读古典，并非一次可成，不读数遍，难得经传之大义，尤其是在训诂学著作中探寻经学内容，更加难得。因时间不足且能力有限，故本文研究仅限以《经义述闻》中与《春秋》有关的部分为例，并在列举表格时力争覆盖典型条目。关于如何更广泛更全面地研究王氏父子的思想，还有待于进一步努力。本书以《经义述闻》为例，以其中与《春秋》经传有关的七卷共 621 条述闻条目作为研究对象，系统归类并对典型条目进行讨论，不仅可以以此窥见王氏父子的校勘学和训诂学思想，也有助于后世学者对《春秋》三传进行阐释与辨正。

第一章

高邮二王生平及学术述略

　　学术思想的形成与学者的学术经历密切相关。以学者学术思想为中心的专题研究，在聚焦学者著作的同时，必须要知人论世，观其行以考其言，结合学者的家学传承、学术交游及其所处时代的政治、经济、文化等多种因素的影响，方能更加清晰地呈现出其学术思想的来龙去脉。王念孙、王引之父子作为乾嘉学派的重要学者，历经乾隆、嘉庆、道光三朝，他们的学术活动对清代学术的发展产生了重要影响。探寻王氏父子的生平经历及其经学思想的形成，不仅可以凸显出学术思想研究中"学者为先"的原则，展现学者的学术生命历程，更有利于我们深入了解王氏父子经学思想的特质。

第一节　高邮二王生平事迹考述

本节首先考察高邮王氏的家世渊源，将高邮王氏家族的发展历程分为"洪武驱散，迁至高邮""学人传承，绵延家学"和"仕进为官，家族复兴"三部分；而后对王念孙的生平进行简述，主要分作"笃志为学，博通五经""首劾和珅，三任河道"和"著述自娱，安度晚年"三个阶段；又对王引之的生平进行了简述，主要分作"年少习经，贯通小学"和"科举入仕，官宦生涯"两个阶段。

一、高邮王氏家世渊源

王念孙、王引之父子是乾嘉时期的著名学者，而高邮王氏家族也属于当时非常有影响力的学术世家。因此，在研究王氏父子及其《春秋》学思想时，必须要先了解王氏家族的发展历程。关于高邮王氏家族的家世渊源，《清史稿》及《清史列传》中仅有王念孙之父王安国"为高邮人"的记载。在罗振玉辑印的《高邮王氏遗书》中，有《王氏六叶传状碑志集》六卷详细记载了高邮王氏的家状志传。又有《高邮州志》记载了高邮二王四辈先人的事迹。本部分即借助以上行状、史传、方志等材料，将高邮王氏家族的发展历程分为"洪武驱散，迁至高邮""学人传承，绵延家学"和"仕进为官，家族复兴"三部分，尽力对王氏家世渊源进行清晰描绘。

（一）洪武驱散，迁至高邮

王氏家族起源于苏州，而后迁至高邮。关于王氏先祖迁至高邮的时间，王安国记述："寒家自明初由苏州府被迁至高邮州，失其本宗，式微七世。"[①]王念

---

①　[清] 王安国等.古堂府君行述 [A], [清] 王念孙等撰；罗振玉辑印.高邮王氏遗书上虞罗氏辑本 [M].南京：江苏古籍出版社，2000：16.

孙、王引之为父辈所写的行状中也有"明初由苏州迁高邮"和"先世居苏州,明初始迁高邮"等记载,与王安国的记述相合。此外,王引之之子王寿同又记述"先世居江苏苏州郡城"①。"苏州郡城"即当时的苏州府治所古吴县,现苏州城区西部。据此可知,高邮王氏家族是于明代初年从苏州迁至高邮,但在迁徙过程中失去了与本宗族的联系,一脉独存高邮,导致家族衰落七世。而王安国"由苏州府被迁至高邮州"这一表述则直接体现了其迁徙的被动性。依据所处的时间、地域范围,可以推断出王氏家族所经历的应当是"洪武赶散"这一事件。

所谓"洪武赶散",是指明代初年太祖朱元璋所颁布的,将江南一带的原有居民迁至苏北淮安、扬州等地的一种瓦解性移民政策。元朝末年,当时还是西吴王的朱元璋在统一江南、攻打东吴王张士诚政权王城所在地苏州时,受到了当地百姓的顽强抵抗。因此,在明朝政权建立后,朱元璋就强制将苏州一带的百姓驱散至淮安、扬州二府。然而,此次历史事件缺乏官方记录,《明史》对其也并不加以记载。曹生文等学者对这一事件加以总结,认为"这场移民采取了官方'击破''驱散'的强制性遣散手段",是"对吴地人实施'报复'",其"遣散的对象主要是苏州人……遣散的目的地主要是苏北的淮、扬二府"②。而王氏家族先祖,也应当是从苏州迁至扬州的王氏一支。他们在迁至高邮后,因属移民,导致其家族七世失考,所以王安国也仅能追溯至八世祖(其高祖)的资料。

此外,汪由敦在王安国的墓志铭中称赞:"北斗喉舌天官尊,三槐世泽贻

---

① [清]王寿昌等. 伯申府君行状 [A],[清]王念孙等撰;罗振玉辑印. 高邮王氏遗书上虞罗氏辑本 [M]. 南京:江苏古籍出版社,2000:35.

② 曹生文,俞扬,茆贵鸣."洪武赶散"传说与明初苏北的江南移民 [J]. 江苏地方志,2022(01):14-17.

后昆。珠浮甓社川献珍，唱第曾见五色云。"①其中的"三槐"指的是山西三槐堂，则又将高邮王氏家族的发源追溯至山西三槐堂，也就是宋代三槐堂始祖王佑（王羲之第二十世孙）和王旦的后裔。但因年代久远，加之高邮王氏一脉已失其本宗，故高邮王氏家族之先祖情况的真实性已无法考证。

（二）四世传承，绵延家学

自迁至高邮后，王氏家族就失去了与本宗族的联系，无法追寻到前七世先祖的事迹。直至八世祖王应祥始，其生平及治学情况才在《王氏六叶传状碑志集》和《高邮县志》中才得以记载。王氏家族学术传承绵延数代，已形成了较为系统的家学体系。笔者结合相关材料，对王应祥、王开运、王式耜、王曾禄四代学人的家学传承整理如下：

八世祖王应祥，字瑞圖，生卒年不详。王应祥是现阶段我们能够追溯到的最早的王氏先祖。据《高邮州志》记载，王应祥是高邮州学生员，两次担任地方官员手下的宾筵，也就是谋士。王应祥凭借州学生员身份，始治《尚书》之学，于州学中已有声名，并将毕生所学《尚书》之学传承给其子王开运。王应祥在家族历经式微时，依然没有放弃为学之道，这也是王氏家族学术传承的开始。

九世祖王开运，字文弘，生卒年不详。王开运出生于明末，自幼继承家学，为高邮州学生员，受其父王应祥教诲，亦将《尚书》作为研习重点。而后王开运逢明末乱世，虽隐居食贫，但仍然以家学传承于乡人。这种在时局不稳时能够守静持重、潜心传学的治学态度，深深影响了后世的王氏学人。

十世祖王式耜，字圣野，号宇泰，生于崇祯元年（1628年），卒于康熙三十八年（1699年）。王式耜博通五经，曾中康熙十七年副榜贡生，又凭借其孙王安国，得以诰封中议大夫、都察院左佥都御史、加一级副贡生，并赠礼

---

① ［清］汪由敦.光禄大夫经筵讲官吏部尚书谥文肃公王安国墓志铭［A］，［清］王念孙等撰；罗振玉辑印.高邮王氏遗书 上虞罗氏辑本［M］.南京：江苏古籍出版社，2000：9.

部尚书。作为现今可追溯到的王氏家族第三代学人，王式耜继承家学（也就是《尚书》之学），兼习《易》《诗》《礼》《春秋》。在中乡闱副榜后，王式耜两赴京都不遇，后归乡潜心治学。明末清初，学者们"承明季新说盛行之后，凡朱学片纸只字皆蒙诟詈"，但王式耜反其道而行之，著有《四子书》及《尚书》讲义，用以教授生徒，将当时学者排斥的朱子之学传授诸生。另著有《太极通书》《西铭·正蒙》《四书详说》《书经详说》《重纂尚书经义》《益壮堂稿》等著作，这种以经学，特别是《尚书》学为主，儒家子学为辅的学术研究，传承了清初"经世致用"的思想特质，标志着王氏家学已初具系统性，是王氏家学之渊源。王安国特赞誉其"以身心体认为真知，以幽独不欺为实践，决意为己，不急人知，此寒家学问渊源也"①。而这种充满怀疑精神、敢于独抒己见的学术特质，在王念孙、王引之父子的身上亦得以体现。

十一世祖王曾禄，字西受，号古堂，生于康熙十一年（1672 年），卒于雍正元年（1723 年）。王曾禄以子王安国，得封光禄大夫、左都御史等职，又晋赠礼部尚书。王曾禄幼承家训，自初授句读，至于成人，皆受其父王式耜亲教，得以充分了解经书大义。同其父、祖父、曾祖一样，王曾禄亦为州学内较为出色的学生员，童子试取得第一名的好成绩，又在雍正元年（1723 年）被选拔为贡生，但在乡试中履试不遇，后著书自娱。王曾禄精研《四子书》，理学湛深，气宇和粹，是高邮州一时名儒，参纂雍正《高邮州志》十二卷，学术著作等身，但著作大多散佚，今已不存。

自王应祥至王曾禄，历经四世的家学传承，使王氏家族完成了由官府移民向书香门第的转变。王氏四世先祖皆为州学生员，仅有王式耜一人中乡闱副榜，但也并不算得举人，可谓"历世载德，潜而未耀"。从王应祥的"治《尚书》"到王式耜"博通五经"，家学传承中学术领域的拓宽也伴随着学术研习

---

① ［清］王安国等. 古堂府君行述 [A]，［清］王念孙等撰；罗振玉辑印. 高邮王氏遗书上虞罗氏辑本 [M]. 南京：江苏古籍出版社，2000：16.

重点的转变；"理学湛深，气宇和粹"更是传神地表达出理学家的神韵与气象，体现出高邮王氏学人在理学方面的成就与影响。由此可见，"高邮王氏先世的创业维艰，先辈们的学问、人品，对高邮二王学术思想的形成和发函，打下了深深的烙印"①。

（三）仕进为官，家族复兴

王氏四世先祖皆为州学生员，并没有仕进为官的实践。这其中有被动因素，如科举的不尽人意，也有主观意愿的志不在此。但到了王念孙之父王安国，才真正实现了王氏家族由"家贫素"到"祖孙两尚书"的转变。

王安国，字书城，号春圃，生于康熙三十三年（1694 年），卒于乾隆二十二年（1757 年）。王安国于康熙五十六年得中举人，在雍正二年会试得第一名，殿试得第一甲第二名，赐进士及第，授职翰林院编修，官至吏部尚书，赐谥文肃。王安国在三十一岁中榜眼后历任广东学政、左都御史兼领广东巡抚，五十二岁召为兵部尚书，六十二岁时迁吏部尚书，可谓科举之路一路高中，为官之途顺畅无阻，政绩斐然。这种治政的实践，成为了王念孙、王引之父子为学济世的又一渊源。

王安国一生秉持着王氏家族清贫治学之风。七岁时，王安国就受父亲王曾禄亲授经传及训诂之法，每次拿到书卷都会认真阅读，即使遇到难解之处也从不轻易停止探究。十岁时，王安国便能单独成文。十九岁时，王安国潜心理学，并没有沉溺于模仿别人或者追求名利。雍正十二年，在王安国担任广东肇高学政期间，曾为诸生批定《四子书大全》，折衷众说，多所论定。若有学生因为家贫而不能前来学习，王安国会拿出他的俸禄来保障学生壹志于学。王安国又欲编订《四子书大全》，言："朱子《集注章句》，约而精，无可议者。其余门弟子所汇《语类》《文集》诸书详矣，而多未醇。有明以后，说书者愈繁而理愈晦。今欲兼综朱子师弟问答之语，衷其粹精以附注后，更折取众说，一

---

① 薛正兴.王念孙 王引之评传 [M]. 南京：南京大学出版社，2008：23.

衷以朱子解经之意，严为去取，庶条绪不纷，义归一是，学者不至迷缪，此亦后学不从己之责也。"①认为朱子的《四书章句集注》精炼而无可挑剔，其他师门弟子汇编的《朱子语类》《朱文公文集》等书籍则较为冗杂。在明代以后，对于《四书章句集注》的解释越来越多，却让人越来越难以理解。因此，现在需要将朱子及门下弟子的问答精华综合起来，并加以注释，剔除纷杂众说，以朱子解经之意为准，这是后学应该履行的责任。王安国此举，目的是使朱子学说条理清晰，意义归一，以防让学者陷入迷惑，有助于保持朱子之学的纯正性和连续性。《清史稿》评价王安国"深研经籍，子念孙，孙引之，承其绪，成一家之学"②，其深研经籍、考据之风给后世极大的影响。

王安国还以清廉自守，在出任广东巡抚时，其父王曾禄就告诫王安国要以国事为重，生活节俭、慎行法度，重用廉才，远离不肖之人。王安国不负其父众望，虽身居高位，但从不接受他人的馈赠和宴请。王昶偕就曾为王安国旧居写下《高邮寓王文肃公故宅》诗一首，言："乌衣门巷短墙遮，洒扫初闻仆隶哗。仄陋闲庭容旋马，荒凉乔木见栖鸦。后贤已见曹司重，清德犹传父老夸。却记京华曾造膝，微言相示手频叉。"③以称颂王安国清正廉明、简约自处，亦可见王安国仕进为官，为家族复兴带来的重要影响。

王安国以科第起家，科举中第一甲第二名赐进士及第，官至兵部尚书、吏部尚书，子王念孙得中二甲第七名进士，官至直隶永定河道，孙王引之得中一甲第三名进士，官至户部尚书（代理）、吏部尚书（代理）、礼部尚书、工部尚书。加之王引之四子王寿同为道光年间进士，则真可谓之"四世进士""三代翰林""两代尚书"。龚自珍夸赞王氏祖孙四人："一叶灵长四叶貂，谈经门

---

① ［清］王念孙.春圃府君行状［A］，［清］王念孙等撰；罗振玉辑印.高邮王氏遗书 上虞罗氏辑本［M］.南京：江苏古籍出版社，2000：25.

② 赵尔巽等撰.清史稿［M］.北京：中华书局，1977：10499.

③ ［清］王昶.高邮寓王文肃公故宅［A］，春融堂集 卷20，上海：上海文化出版社，2013：387.

禄郁岧峣。儒林几经传苗裔？此福高邮冠本朝。"①意在彰显王氏四代都是高官显宦，高邮王氏家学一脉相承，家门名声像高山一样崇高伟大，综观儒林，能够保持祖孙四代高官相传，家学相承的只有高邮王氏。

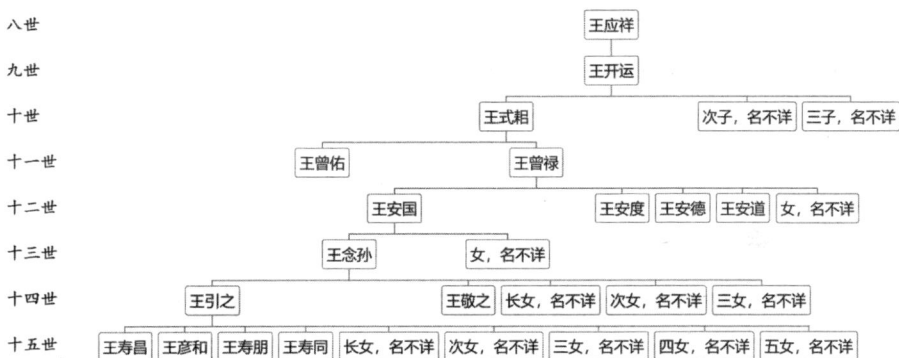

世系					
八世		王应祥			
九世		王开运			
十世	王式耜		次子，名不详	三子，名不详	
十一世	王曾佑	王曾禄			
十二世	王安国		王安度 王安德 王安道	女，名不详	
十三世	王念孙	女，名不详			
十四世	王引之	王敬之	长女，名不详	次女，名不详	三女，名不详
十五世	王寿昌 王彦和 王寿朋 王寿同	长女，名不详	次女，名不详	三女，名不详	四女，名不详 五女，名不详

高邮王氏家族世系简表（八世至十五世）

二、王念孙生平事迹考述

王念孙，字怀祖，自号石臞，江苏高邮人。生于乾隆九年（1744年）三月十三日，卒于道光十二年（1832年）正月二十四日，享年八十九岁。王念孙有丰富的治学、从政经历，其生平事迹大致可以分为"笃志为学，博通五经""首劾和珅，三任河道"和"著述自娱，安度晚年"三个阶段。

（一）笃志为学，博通五经

关于"念孙"之名，王引之在《石臞府君行状》中解释道：王曾禄凭借王安国被赠以尚书后，年事已高，非常期望能够有一个孙子，并提前给这个孩子取名为"念孙"。在他去世后，王安国果然有了一个儿子，他既高兴又悲伤，认为这是上天眷顾他的父亲，让他们家的事业能够传承下去。于是他遵照父亲的遗命，给新出生的孙子取名"念孙"，希望他能够继承家族的事业。王念孙

---

① [清] 龚自珍. 已亥杂诗 [A]，龚自珍全集 [M]. 上海：上海人民出版社，1975：523.

之名与其字"怀祖"相对，由此可见，王念孙是被祖、父两代寄予了殷殷厚望的，而王念孙亦深怀有对长辈的尊重和孝敬。

乾隆九年三月十三日，王念孙出生于江苏高邮州。王念孙少时聪慧过人，据王引之记述：王念孙自幼聪敏过人，在襁褓中已识得二十余字，被人们认为是早慧之才。四岁时能读《尚书》，而且能够熟记口诵。每次读书，都是由其父王安国亲自口授，数十行的内容也能很快地熟记于心，一时有神童之目。七岁时，王安国奉命前往陪都蔽狱，因为担心京城里没有人照顾王念孙，所以带着他一起出行。王安国在夜间写奏稿时，需要援据经传，惟恐有错误，于是向王念孙询问。王念孙此时正在睡熟，应声诵之，一字无讹，实是异才。八岁时，王念孙只需要手拿毛笔，就能够马上构思并写下完整的文章。十岁时，王念孙已经将十三经诵毕，又能够旁涉史籍，对历代人物的事迹有着深入的了解和领悟。

王念孙三岁丧母，常年伴随在父亲王安国的身边生活学习，可以说父亲就是王念孙的家教开蒙。但由于王安国政务繁忙、精力不济，于是在王念孙十三岁时，王安国又延请皖派名儒戴震为其传道授业。从此，王念孙开始接触到乾嘉皖派，学习三礼、六书、九数、声音、训诂之学，其稽古之学也正是基于此。至王安国逝世后，王念孙归高邮故里，受业于翰林院侍讲夏廷芝（夏啸门），也就是王念孙祖父王曾禄的学生。因此，夏廷芝对王念孙的教授必然是全心全力的。在这样的教导下，王念孙童年而有老成之风，为文根柢深厚，礼法精熟，使得夏廷芝感叹："生子当如孙仲谋，令人不胜叹羡！"①

乾隆二十五年，十七岁的王念孙以童生的身份参加科举，州试得第二，府试、院试皆得第一。作为此次科举学政的刘墉听闻此事后，十分惊喜地说：

---

① ［清］王引之等．石臞府君行状［A］，［清］王念孙等撰；罗振玉辑印．高邮王氏遗书上虞罗氏辑本［M］．南京：江苏古籍出版社，2000：26.

"文肃公有子矣！"①至乾隆三十年，二十二岁的王念孙以大臣之子的身份迎銮献颂册，并蒙恩得赐举人。但直至十年后，王念孙才得中进士②。就科举的艰难程度而言，王念孙较同时期的戴震、段玉裁等人已属顺利，但在此期间，王念孙也得到了历练，拜谒了朱筠、任大椿，并为朱筠幕府作宾僚，又结识了程瑶田、刘台拱、朱彬、洪亮吉、汪中、李惇等学者。这些学者不仅在学术上给予了王念孙诸多启迪和帮助，也成为他终生的朋友，罗振玉所辑《昭代经师手简》就记录了以上学者致王念孙的诸多书札。

王念孙于乾隆三十一年会试不仕后，愈发钻研文字、音韵、训诂之学。王念孙在京时得江永《古韵标准》一书，才知道顾炎武所分韵部十部仍有疏漏，回高邮后便取《诗经》反复寻绎，分编古音为二十一韵部。又撰《书钱氏〈答问〉说地字音后》，对钱氏古音学进行辨正，认为"顾说是，钱说非也"。在文字方面，王念孙代朱筠作《重刻说文解字序》，另作《说文考异》二卷，可惜后者已散逸。

（二）首劾和珅，三任河道

乾隆四十年，在会试得中，蒙恩钦为翰林院庶吉士后，王念孙最终选择了乞假回到高邮故里，以著述为事，并教导其子王引之学习小学。至乾隆四十五年，三十七岁的王念孙入都，入庶吉士馆学习，并出任四库馆臣，担任篆隶文字校对工作。次年，庶吉士馆散馆，王念孙考列一等五名，被任命在工部都水司负责处理事务。王念孙结合本职，详细地解释和推广了治理水道的方法和技术，作《导河议》上下篇，又奉旨篆《河源纪略》。可见王念孙精心于治河之道，并多有创见。

乾隆五十二年，王念孙始撰《广雅疏证》，每日疏证三字，寒暑无间，至

---

① 〔清〕王引之等．石臞府君行状 [A]，〔清〕王念孙等撰；罗振玉辑印．高邮王氏遗书 上虞罗氏辑本 [M]．南京：江苏古籍出版社，2000：27.

② 在此十年中，王念孙共参加有五次会试,分别为乾隆三十一年、三十四年、三十六年(皇太后八十万寿恩科）、三十七年、四十年，前四次皆落第。

嘉庆元年完稿，历经十年。乾隆五十三年，王念孙补陕西道监察御史，第二年转掌山西道监察御史，又转掌京畿道监察御史。至乾隆五十八年，王念孙升至吏科给事中，四年后转吏科掌印给事中。

嘉庆四年正月，乾隆驾崩，嘉庆亲政。为了铲除和珅势力，嘉庆特下诏广开言路，兼听纳谏，实则要求内外大臣指责朝政弊端，检举大臣的不法行为。据《大清会典》，言官奏事不实亦会受到处罚，这也间接导致各部院文武大臣忌惮和珅余威而不敢上奏。此时，担任吏科给事中的王念孙以嘉庆开科道参劾为契机，即时上疏弹劾和珅。《石臞府君行状》中记载：在乾隆去世后，王念孙和其他人一起前往祭奠，并深感自己家族几代人以来受到的恩惠。在哀悼之余，他还秘密草拟了一份奏疏，控告当时权倾朝野的大学士和珅贪污滥权。嘉庆看到这份奏疏后非常赞同，立即下旨进行明正典刑，政府也开始清理腐败现象。整个天下都称赞府君的勇气和才智，甚至将他与"凤鸣朝阳"相提并论，疏中所言也被传诵一时，成为名臣奏议的经典之作。《清史稿》即记述："嘉庆四年，仁宗亲政，时川、楚教匪猖獗，念孙陈剿贼六事，首劾大学士和珅，疏语援据经义，大契圣心。"[①]王念孙的这种忠君谏诤的精神，足以打破对于乾嘉学派学者埋头考据、不问政治的偏狭理解，充分体现了乾嘉时期士人阶层的责任感与使命感。

在王念孙弹劾和珅后，因被嘉庆帝赏识，王念孙于嘉庆四年被任命为直隶永定河道，负责永定河的水务防治。两年后，因河堤漫口罢官，但特旨留督办河工，并未罢黜离任了事，而是戴罪立功，继续督办河工，工竣受赏为主事衔。其后，先奉命查勘河南衡家楼河决情况，又赴台庄治河务，这次河务治理比较好地完成了任务，故不久就任山东运河道。在任六年后，复任直隶永定河道。在东河总督与山东巡抚关于引黄利运的争议中，王念孙被召入朝决其是非，提出"引黄入湖，不能不少淤，然暂行无害"的意见。后因永定河水异

---

① 赵尔巽等撰 . 清史稿 [M]. 北京：中华书局，1977：13211.

涨，王念孙引罪辞官。据此，王念孙自嘉庆四年至嘉庆十五年长达十余年时间里，三任河道，一直做着河务勘查治理等事宜，因为治河不利两次导致河堤漫口，一次被罢免官，一次引罪辞官。

（三）著书自娱，安度晚年

嘉庆十五年，六十七岁的王念孙以六品衔退休去职，王引之便将其迎接供养于经邸。借此机会，王念孙托病谢客，著书自娱，将所著《读书杂志》十种，陆继付梓。自嘉庆十五年至道光十一年，王念孙常与段玉裁、汪喜孙、臧庸、宋保、李庚芸、陈奂、龚自珍等学者相见或致函，并为臧庸《拜经日记》、汪中《述学》、刘台拱《刘氏遗书》作序，为段玉裁作墓志铭。

道光十一年十二月十四日，八十八岁的王念孙偶感时气，即患流涕恶寒，至次年正月二十三日，牛乳亦不能进，语言蹇涩，鼻息微喘。夜半命王引之等扶坐，一一付以遗命。言毕，端坐不动至二十四日寅时长逝。

在王念孙逝世之后，徐士芬为其撰写事状略，对王念孙的生平进行了总结："专守经训，自壮年好古精审声音、文字、训诂之学，手编《诗》三百、九经、楚辞之韵，剖析精微，分顾亭林古韵十部为二十一部，而于支、脂、之三部之分辨之，尤力海内。……官御史时，注释《广雅》。日以三字为率，十年而成，书日《广雅疏证》，学者比诸郦道元注《水经》，注优于经。云罢官后校证《淮南子内篇》《战国策》《史记》《管子》《晏子春秋》《荀子》《逸周书》及旧所注《汉书》《墨子》附以《汉隶拾遗》凡十种八十二卷，名日《读书杂志》。"[1] 由此看来，王念孙对文字、音韵、训诂等方面的研究成果深受后世学者推崇，实是"学问、人品、政事三者，同条共贯，尤为至论"。

---

① [清] 徐士芬. 石臞府君行状 [A], [清] 王念孙等撰; 罗振玉辑印. 高邮王氏遗书 上虞罗氏辑本 [M]. 南京: 江苏古籍出版社, 2000: 10.

三、王引之生平事迹考述

王引之，字伯申，号曼卿，江苏高邮人，王念孙长子，官至工部尚书、礼部尚书，并代理户部尚书、吏部尚书等职，谥号"文简"。生于乾隆三十一年（1766年）三月十一日，卒于道光十四年（1834年）十一月二十五日，享年六十九岁。本节对王引之的生平进行了简述，主要分作"年少习经，贯通小学"和"科举入仕，官宦生涯"两个阶段，考究其为官为学之事迹。

（一）年少习经，贯通小学

王引之属早产，据王引之之子王寿昌记述，吴太夫人怀孕八月就生下了王引之，致其身小气弱，故家人对他看护有加。在王引之五岁时，其父王念孙开始为他聘请塾师。王引之年少聪颖，有志于学，每遇经义不同之情况，就请教塾师以解惑。对于王引之好学的举动，塾师大为赞许，服侍过其祖父王安国的守祠老仆亦赞叹他"好学如此，何其一如老主人也"①。

乾隆四十年，王引之十岁。其父王念孙乞假请求回归故里。正是在这一年，王引之开始受王念孙教授启蒙及小学之书。王引之曾自述他自幼学习朱熹的《童蒙须知》，并将该书手写在案头，方便随时省视。此外，他还用空闲时间讲解朱熹的《小学》，并结合吕新吾先生的《小儿语》来帮助自己纠正过失。如此家学的熏染，使王引之在束发之年就具备了较为完整的经学与小学体系。

乾隆四十七年，王引之十七岁。是年王引之补博士弟子员。次年又赴京都与父团聚，借此机会入国子监学习。此时他开始从事文字、音韵、训诂之学。王引之以所得询问于王念孙，王念孙大喜说："是可以传吾学矣！"②其后，王引之又以八股文求教于高邮珠湖书院主讲屠平圃，以便其科举求学。

---

① ［清］王寿昌等. 伯申府君行状［A］，［清］王念孙等撰；罗振玉辑印. 高邮王氏遗书上虞罗氏辑本［M］. 南京：江苏古籍出版社，2000：35.

② ［清］汤金钊. 伯申王公墓志铭［A］，［清］王念孙等撰；罗振玉辑印. 高邮王氏遗书上虞罗氏辑本［M］. 南京：江苏古籍出版社，2000：11.

乾隆五十一年，王引之二十一岁。在这一年，王引之应顺天乡试，不中而归。次年他又返回高邮故里，继续研读小学。王引之其父念孙之说，触类旁通，加以补正发明，又亟求《尔雅》《说文》《音学五书》读之，研究声音、文字、训诂。在此基础上开始草拟《经义述闻》一书。在这期间，王引之又将所研读的顾炎武、江永、段玉裁等人的著作与王念孙的《毛诗九经音》相结合，以窥古音之变动。这为他其后"以古音得古训"打下了坚实的基础。

乾隆五十五年，王引之二十五岁。经过了四年的积累，王引之入都向其父问学，父子二人授受一庭，无间寒暑，焚膏继晷，中夜不辍。依靠其父的介绍，王引之也因此结识了阮元、钱大昕、翁方纲、卢荫溥、陈昌齐、王绍兰等名儒，藉此机会与他们一一论学。小学的沉淀促使王引之能够对训诂之学有所阐发，于是王引之以古音得古训，以观声音训诂之互通，就许慎《说文解字》中古人名字相因之义作《春秋名字解诂》二卷。又将其父之学进行触类旁通，加以补正，开始筹备撰写《经义述闻》及《经传释词》。同时阮元又向他致函，建议编纂《词气释例》一书。

王引之三十岁之前的经历，可以看作是他的习经阶段。在这一阶段王引之科举受挫，没有官场之事的纷扰，得以发愤图强，在其父身边专心治学。又因其父的人脉关系与众多学者开展了学术交流，在小学和经学方面广博众家所长。因此其生平主要呈现出先重学术著述而后官场处政的特点。

（二）科举入仕，官宦生涯

乾隆六十年，王引之三十岁。王引之应京兆试，在此次乡试中第十九名。同考官刘镮之称赞其"理法精纯，根柢深厚"[①]。王引之得以结识刘镮之，从其游，并以师尊之。此番科举使王引之在京师初露头角，并开始结识众多乾嘉学派的学者，使得王引之的科举之法得以更进一步。

---

① [清] 王寿昌等 . 伯申府君行状 [A]，[清] 王念孙等撰；罗振玉辑印 . 高邮王氏遗书上虞罗氏辑本 [M]. 南京：江苏古籍出版社，2000：35.

嘉庆四年，王引之三十四岁。王引之参加礼部中式，得殿试一甲第三名，授编修之职，从此开启了他的入仕之路。此时王念孙为即将入仕的王引之提出训诫："文学之臣，积学宜勤，持躬宜慎，当以汝大父（王安国）为法。"[①] 王引之自任职后，一直从事于文教之职，先后主持过贵州乡试、湖北乡试及两次浙江乡试，又担任过河南学政、山东学政等职。四次主持乡试、二度担任学政，在乾嘉时期实属罕见。其后王引之又入京任职，备受重用，嘉庆帝曾称赞"王引之言人所不敢言"。并以他为军机大臣的楷模。王引之在朝廷中先后担任吏部左侍郎、户部左侍郎、礼部左侍郎、工部尚书、户部尚书、吏部尚书、礼部尚书等职。任职期间，王引之执掌过四部尚书，足可见其吏才之能。

在王引之任职期间，有两件政绩最为突出。首先，王引之在其担任学政期间，对当地的教育事业起到了很大的促进作用。任职河南学政时，王引之因河南地区字音近古，作韵时往往不合音律，故亲自编纂《诗韵》让学子们勤加背诵。又与当时担任河南巡抚的阮元共同出资购买《十三经注疏》一百余套，分置各地以供学子抄读。至山东担任学政时，为了教化人民，王引之还奉旨撰写了《阐训化愚论》和《见利思害说》，得到了朝野上下的一致赞扬。在地方任职时，王引之还整治了冤假错案。赴河南时，王引之受嘉庆帝的交代，审理了知府熊之书诬告一案。被派往福建时，王引之平反李庚芸被诬陷自经之案，深得当地士民爱戴，嘉庆帝深许其办事干练、明敏有为。

王引之在仕途发展的同时，亦不忘学术，可以说是一位日理公事，夜读经史的文化官员。在学术著书上，在其父《广雅疏证》成书两年后，王引之的第一部著作《经义述闻》付梓，即入都侍父，与王念孙共同探讨经义。又一年后，《经传释词》付梓。随后，王引之因见钱大昕所释太岁有误，故又撰写《太岁考》二十八篇，后补充至《经义述闻》当中。在官修编纂上，王引之在

---

① [清] 王引之等. 石臞府君行状 [A]，[清] 王念孙等撰；罗振玉辑印. 高邮王氏遗书 上虞罗氏辑本 [M]. 南京：江苏古籍出版社，2000：33.

入仕初期担任词林典故馆总编，在嘉庆帝驾崩后担任《仁宗实录》总裁官，在任工部尚书后担任武英殿总裁，与王念孙共同修订《康熙字典》，并将其中的各处错误编辑成《字典考证》共两千余条。

道光十二年，王引之六十七岁。此时王念孙已年近九旬，疾病缠身，王引之昼夜侍疾，不曾废离。然王念孙最终在此年正月逝世，王引之悲痛万分，为其父撰联"夙夜惟寅承祖德，靖共尔位答君恩"。后听从父命，为父丁忧解职，将王念孙手订散稿辑为《读书杂志余编》，又撰写《石渠府君行状》以悼念其父。

道光十四年，六十九岁的王引之因患咳数日、汗出不止等症状，卒于住所。皇帝听闻此讯，深为痛心，道光帝下谕："工部尚书王引之品行端谨，学问素优。由翰林洊跻卿贰，擢任尚书，方资倚畀。兹闻溘逝，殊深轸惜！"①又御制王引之碑文，并赐谥号"文简"。众多亲友也为他撰写行状，如王引之之子王寿昌、王彦和《伯申府君行状》、汪喜孙《光禄大夫工部尚书王文简公行状》、汤金钊《光禄大夫经筵讲官工部尚书加二级谥文简公行状》和龚自珍《工部尚书高邮王文简公墓表铭》。

同治十三年，在王引之逝世四十年后，皇帝下旨使其入祀乡贤祠。

---

① 清史列传 [M]. 北京：中华书局，1987：2675.

第二节　高邮二王学术渊源考论

高邮二王的学术渊源来源复杂，既受制于乾嘉时期的文化政策，又立足于乾嘉学派的学术体系，还受到绍承汉学的家学传统和转益多师的交游求教的影响。本节即立足于此，对高邮二王的学术渊源进行简要考论。

一、乾嘉时期的文化政策

清朝统治者本是处在关外的少数民族，但自从夺取政权后，就自觉地尊崇儒学，并组织进行学术活动，提出了"兴文教、崇经术"的文化政策方针。在清初，官方编著了《古今图书集成》和《康熙字典》。随着反清学者的积极活动，一些著名的儒学者转向了考据之学，但是并未作出成绩。追其原因，大致是因为经济恢复生产，清代统治者松懈于对学术思想的控制，并用怀柔政策笼络知识分子，使得儒学家专注"治世"之学，又有学者反对明末浮夸空谈的风气，讲求经世致用的功利，都对讲求考据的学风进行了打压。

到了清中期，自官府至私学，都积极进行各类文化活动，宣传传统文化。乾隆推崇稽古右文，其当政时间最长，进行的文化活动也最多。其两次开设博学鸿词科，并设立专门的图书纂修馆，以辑古书、刊官刻。其中最著名的就是《四库全书》的编纂，历时二十年，共三万六千册，又有《四库全书总目》作目录之用。《四库全书》分为经史子集四类，汇集了历朝历代的重要典籍。此书的编纂汇集了大量学者，如纪昀、戴震、翁方纲等，其中不少人是乾嘉学派的著名学者，王念孙亦参加了此次编修。他们的参与不仅加快了图书编纂的进度，更藉此机会促进了乾嘉学派的内部的交流。王氏父子生于乾隆朝，卒于道光朝，他们的主要生活年代正值清代中期，"乾隆盛世"鼎盛一时。此文化政策作为学术环境，对于王氏父子的学术发展有着重要的影响作用。

除了官刻图书之外，还有民间的学者也投入到读书治学、校纂刊刻的工作中，如阮元刊刻的《经籍籑诂》和《十三经注疏》，马国翰刊刻的《玉函山房辑佚书》。在官府和民间学者的共同努力下，营造了一个良好的学术氛围。在这样的条件下，一方面使得众多学者能够看到古书旧注，从而促进小学、校勘的发展；另一方面也吸引了众多刻书商竞相聘请名儒，进行编书刻书的活动，从而形成良性循环，才使得乾嘉学派兴盛发展。《经义述闻》就正是在这一时期进行反复刊刻的。

在清代经济、文化大发展的同时，也隐藏着清代统治者对于文化不自信的深感不安，故他们在巩固统治的同时，必然极力压制汉人学者的思想，并进行控制。康熙朝庄廷珑《明史》案和戴名世《南山集》案，以及雍正朝曾静、张熙案使得清代学者的民族意识日渐消没。到了乾隆朝，更是加大了文字狱的范围，几乎每年都有文字狱发生。文字狱的产生破坏了清初所营造的学术自由的良好氛围，使得儒学家人人自危，更是借编纂《四库全书》之际销毁和删改图书。

在清初、清中期社会经济繁荣的表面之下，仍然是严格的思想控制。统治者解放的只是生产力，而非人们的思想。文字狱的破坏，造成了后世学者只能专注于对经书的校勘和训诂，并更加崇尚汉学。又促使乾嘉学派的学者们由"经世"转为"避世"，以经学为核心，潜心学术研究，从而使考据学风大盛。龚自珍在《咏史》诗中就无奈地表示"避席畏闻文字狱，著书都为稻粱谋"。其带来的影响也是两方面的，虽然刻书的兴起给学者带来能够表达自己学术观点的途径，但是如果表达不善或是被误解，就很难脱离抄家处死之险。在这样的文化政策下，王氏父子在著书时亦只专注于古书古注的校勘和训诂等考据之学，虽有逃避现实之责，但其根本原因还是当时的文化政策，不可过分苛求。

二、乾嘉学派的学术体系

探寻王氏父子的学术渊源，则必提及乾嘉学派。乾隆以后，理学让位于汉学，汉学成为清代学术主潮，崛起了乾嘉学派。一方面，乾嘉学派及之前的汉学学派、宋学学派给了王氏父子研究的资料和平台；另一方面，王氏父子也从乾嘉学派中传承了对于文字、古注和经义的考据学治学方法。

乾嘉学派的发展，离不开历代学者对《春秋》之学的继承。清初时，因顾炎武等学者不满宋明理学的空谈心性、束书不观等治学方法，故倡导探寻经典之"本义"及"原旨"。于是，汉人的注疏注解，自然成了清代学者的关注对象。加之清代康雍乾三朝大兴文字狱，学者更加倾向于古代文献的整理，并从文字、音韵方面作进一步的阐释，因其主要活跃于乾隆、嘉庆两朝，又与宋明理学有所区分，故又被称为"乾嘉汉学"。梁启超将乾嘉学派的学术活动定义为一场学术思潮，"对于宋明理学之一大反动，而以'复古'为其职志也"①，并与西方的启蒙运动相提并论，朱维铮更是将乾嘉学派所引领的汉学思潮定义为可见其对于乾嘉学派恢复汉学传统的高度评价。

乾嘉学派是最能体现清代学术精神的学术团体，由吴派、皖派、扬州学派和常州学派等江南学术版块以及北方一派共同构成。这一学术派别在中国近代思想史上占有重要地位，其学术成果影响深远。在经过发展之后，分为了以惠栋为首、以"求古"为宗尚的吴派和以戴震为首、以"求真"为要旨的皖派。王念孙从师于戴震，在部分清代学术著作和后世研究中，多将王念孙、王引之父子二人并列举之，在乾嘉学派中与吴派和皖派鼎足而立，但实际上亦为皖派传人。王引之其父、其师皆是乾嘉学派内的著名学者，因此传承了乾嘉学派对于文字的校勘和训诂，古注的辑存和驳正，经义的阐发和疏通等研究方法。

首先，乾嘉学派最为擅长的是对于文字的校勘和训诂。因清初统治者为了

---

① 梁启超. 清代学术概论 [M]. 北京：中华书局，2015：3.

镇压反清势力，尤其是在思想上控制人民，于是通过断章取义罗织罪名，于是学者不得不放弃清初儒学家所提出的"经世致用"原则，进而转向文字的校勘和训诂。戴震作为王念孙的老师，就曾提出"治经先考字义，次通文理"之方法。《经义述闻》本身就作为校勘训诂的专著，继承了乾嘉学派的考据特点，针对具体的校勘及训诂问题进行考释，从而使文通义顺。乾隆年间《四库全书》的完成，及乾嘉学派前辈们的成果，又为王氏父子的经义考究提供了充足的材料，使得《经义述闻》的考究更加严谨。

其次，乾嘉学派还追求古注的辑存和驳正。由于《春秋》经传语言简练，故对于其经传注疏的研究一直是《春秋》学研究的重点之一。随着清初学术界对于汉学的继承，学者也越来越重视汉注的整理和探讨，并对汉代之后的各家注解进行批判和补正。乾嘉学派又以《左传》为权威，故众多学者都对《左传》的注疏进行研究。如惠栋的《左传补注》就从不同方面对杜注进行了批判，焦循《春秋左传诂》又对贾逵、服虔等汉注进行了辑存。王氏父子受其影响，在《经义述闻》中不仅要对后世注疏，特别是杜注及范注进行驳正，也引用了众多汉代学者的古经解。

最后，乾嘉学派对经义的阐发和疏通也尤为重视。乾嘉学派有着普遍的怀疑精神，且推崇汉学汉注，对于汉人之后，众多学者所阐发的经义，乾嘉学派普遍持批判态度。其中惠栋吴派盲目从古，且不废理学；戴震皖派则具有怀疑精神，又与反理学相联系。但汉学与理学一样脱离实践，又遭到有识之士的批判亦是必然的。并且乾嘉学派学者皆属于古文经学派，对于《公羊传》《谷梁传》的说经方法普遍表示不满，并强烈抨击"舍传求经"之风，又以校勘训诂为基础，不发空论，这也是乾嘉学派的特点之一。

因此，王氏父子作为乾嘉学派的代表人物，必定受到乾嘉学派学术体系极大的影响，在著书过程中重视版本、运用小学、实事求是，在继承前人的基础上，又提出了自己的观点，对《春秋》三传进行了全面的研究，他的成果也被后世所借鉴，推动了乾嘉学派的《春秋》学走向顶峰。

三、绍承汉学的家学传统

高邮王氏家族祖籍为苏州，后迁至高邮。高邮的文化沃土使得王氏家族在学术上大放异彩，形成了高邮王氏绍承汉学的家学传统，对王氏父子的学术发展有着重要的影响。关于清代学者的家学传统，皮锡瑞在《经学历史》中就提到"国朝经师能绍承汉学者，有二事。一曰传家法……王念孙师戴震，传子引之"①。《清史列传》亦有"高邮王氏一家之学，三世相承，自长洲惠氏父子外，盖鲜其匹云"②的记载。

王氏祖辈皆研经学，尤其重视《四子书》及朱子之学，又重视小学，尊崇宋儒理学，其学术多作为家学父子相传。王氏家族虽是寒门素族，但皆严谨治学，传下了良好的传统。王氏父子虽未直接得受其先祖启蒙教化，但其前辈治学家风都给王氏家族添上了严谨治学的传统。

《清史稿·列传第九十一》评价王安国"深研经籍，子念孙，孙引之，承其绪，成一家之学，语在儒林传。"虽然王安国在其孙王引之出生前十年已去世，但其深研经籍、考据之风给后世极大的影响。他又将这种治学之风传承给了其子王念孙。王昶偕就曾为王安国旧居写下《高邮寓王文肃公故宅》诗一首，言"乌衣门巷短矮墙，洒扫初闻仆隶哗。仄陋闲庭容旋马，荒凉乔木见栖鸦。后贤已见曹司重，清德犹传父老夸。却记京华曾造膝，微言相示手频叉。"③以称颂王氏家族清贫治学之风。

在师承方面，王念孙师承于戴震，继承了乾嘉学派皖派的衣钵，同时又是扬州学派领袖阮元的老师，这也为后来王引之拜师阮元创造契机。可见王引之

---

① 皮锡瑞.经学历史 [M].北京：中华书局，1959：90-91.
② 清史列传 [M].北京：中华书局，1987：5535.
③ [清] 王昶.高邮寓王文肃公故宅 [A]，春融堂集 卷二十 [M].上海：上海文化出版社，2013：387.

重视小学、校勘的传统主要来源于其父王念孙，王念孙是王引之通往乾嘉学派的引路人和带路者。后世在评价时也往往将父子二人相提并论，如阮元称赞王氏父子"家学特为精博，又过于惠戴二家"，焦循亦作诗称赞"高邮王氏，郑许之亚。借张揖书，示人大路。《经义述闻》。以子翼父"。

经过其祖父、父亲的家学沉淀，出身于官宦之家的王引之自幼就受到了全面的启蒙教育，他五岁开始跟从塾师读书，据《伯申府君行状》记载，王引之"五岁从师读，师亦因体弱之故不慎督责。府君自幼颖异，即能笃志于学。"到其十岁时，其父王念孙又亲自为之讲解《小学》。《伯申府君行状》又载"年十岁，先大父命手录《童蒙须知》置案头省览，又讲解朱子《小学》及吕新吾先生《小儿语》，府君于日用间即仿而行之。"由于其父王念孙亦为大儒，故王念孙未满十岁就打下了深厚的启蒙基础，这也为他从事训诂小学创造了条件。除了学术传承外，王氏父子的著作也分别体现对方的小学、校勘学成果。王引之帮助其父撰写《读书杂志》和《广雅疏证》，同样王引之的《经义述闻》和《经传释词》也有着其父的"家大人"的引文。

《王念孙 王引之评传》中评价"高邮王氏先世的创业维艰，先辈们的学问、人品，对高邮二王学术思想的形成和发函，打下了深深的烙印"[①]。高邮王氏以小学校经、以古音求古义、通文法词气、会通实虚词等传以家法，王引之的学术成就是与其家学传统所不可分割的。王引之其父、祖父及其先祖所留下的家学传统对于王引之的经学的治学方向、严谨的求证态度的影响有着潜移默化的作用。王引之与其祖父王安国、其父王念孙一起被世人并称为"三世醇儒"及"三代词林"，传为科举佳话。足可以见得家学传统使王引之在学术方向和学术经历方面耳濡目染，受益匪浅。

---

① 薛正兴. 王念孙 王引之评传 [M]. 南京：南京大学出版社. 2008：23.

四、转益多师的交游求教

王氏父子的学术成长基于清中期的社会背景和乾嘉学派的学术风气，同时也离不开家学传统。除此之外，虽然"高邮二王不善交际，所交友朋不多"①，但父子二人的交游求教也使得他们能够与众多乾嘉时期的名儒讨论经义、切磋学术。

李惇，字成裕，又字孝臣，江苏高邮人，乃乾隆四十五年进士。治经通敏，对于《诗》《春秋》三传的研究尤其精深，晚年又好历算。所著《群经识小》考诸经古义二百二十余事，多所创意。又著有《尚书古文说》《毛诗三条辨》《左传通释》《说文引书字异考》等。

汪中，字容甫，江苏扬州人，与王念孙同年，是扬州学派的代表人物，自称其学私淑于顾炎武。他广读经史百家之书，卓然成家。其治经特色是不拘守汉、宋门户，不专一经，实事求是，不尚墨守。他于诸经《尚书》《仪礼》《大戴礼记》《春秋》等皆有精研，有《尚书考异》《仪礼》校本、《大戴礼记》校本、《春秋述义》等，小学方面又有《尔雅》校本、《小学说文求端》。对于子学他有自己精辟见解，注重先秦诸子著作的辑佚考证及思想研究，对墨子、荀子其人其学都有新见新知。

戴震，字东原，又字慎修，号杲溪，今安徽黄山人，是皖派经学的开创者，学问渊博，他本人师事江永，于吴派又有师承关系。戴震自幼学习即有独立思考的怀疑精神，质疑朱熹改经即典型事例。早年他即主张从字义明经义，其《与是仲明论学书》论到："经之至者道也，所以明道者其词也。所以成词者字也。由字以通其词，由词以通其道，必有渐。"②这虽然是戴震早期论学的观点，已经提出学问之至是求道，他自己虽为考据名家，但反对为考据而考

---

① 王章涛. 王念孙 王引之 [M]. 昆明：云南教育出版社. 2009：92.

② 钱穆. 中国近三百年学术史 [M]. 北京：商务印书馆，1997：345.

据。在他看来，所有字、词等小学的研究都是方法手段，目的则在于寻绎隐藏经典之中的那个"至道"。他主张从"道问学"门径以达至大道，从而通经致用，《孟子字义疏证》就是最典型的例证。王念孙师事戴震，是少年从学，正是人生观、价值观形成的重要时期，所受戴震影响自不待言，《行状》中明言王念孙"稽古之学，遂基于此矣"，此"基于此"于知识之外当也包括了德性品行。

卢荫溥，字南石，山东德州人。王引之二十四岁科举失败、入都侍父时，又拜卢荫溥为师，学习科举。卢荫溥少年时因祖父卢见曾卷入盐运支销冒滥案，卢家被抄家连坐，其父卢谦被发配，九岁的卢荫溥跟随其母归依妇翁，刻苦励学，读书长山。至乾隆四十六年，卢荫溥得中进士，选庶吉士，授翰林院编修。后历任军机大臣及吏户礼兵刑工六部尚书，又拜体仁阁大学士，逝世后赠太子太师，谥号文肃。卢荫溥著作不见于记载，又非乾嘉学派学者，但其在苦学科举的精神，给王引之做出了极好的示范。

翁方纲，字正三，号覃溪，晚年号苏斋，直隶大兴人。为乾隆十七年进士，擅长考订训诂与义理之学。著有《经义考补正》《两汉金石记》《礼经目次》等书。王引之在礼部中式后，授翰林院编修，就循例前去拜谒翁方纲，二人相谈甚欢。王引之随后作《翁覃溪阁学手札跋》，并述"若是岂可不言综遗文，勤求古义，以副先生当日之期望乎？"以此自勉。王引之在中进士及第后，又与副考官文干共同拜谒翁方纲。

阮元，字伯元，号芸台、雷塘庵主，晚号怡性老人，江苏仪征人，为乾隆五十四年进士。前文所述，王念孙传经于阮元，故王引之在习经阶段也受到阮元的影响。阮元任会试副总裁时，就在给嘉庆帝的奏疏中提出："校数千人之文艺，必当求士之正者，以收国家得人之效。欲求正士，唯以正求之而已"，并提出了"先器识而后文艺"的选拔人才的方针，强调"求士者，唯在乎求有学之文"。于是，长于小学的王引之在此崭露头角。此后阮元亦对王引之有众多帮助，并为其《经义述闻》和《经传释词》作序。

钱大昕，字晓征，号辛楣，又号竹汀居士、潜研老人，江苏嘉定人。为乾隆十九年进士，为清代朴学大师，在经学、史学、文字、音韵、训诂及金石方面都有着精通的见解。在考据方面被誉为"论者推其考史之功，为有清第一"。乾隆五十五年，钱大昕进京参加乾隆八十寿辰，王引之特地前往问候。钱大昕死后，王引之还特地撰写《詹事府少詹事钱先生神道碑铭》。

刘墉、刘镮之叔侄，山东诸城人。刘墉为乾隆十六年进士，刘镮之为乾隆四十年进士。王引之三十岁时，在京城结识刘镮之。因在这一年王引之入京参加顺天乡试，而刘镮之此时担任统考官，王引之得以结识刘镮之，从其游，并以师尊之。刘镮之称赞其"理法精纯，根柢深厚"，王引之例称弟子。王念孙与刘墉亦为师友交，故王念孙尊刘镮之为师也不足为奇。刘墉亦对王引之称赞有加，曾亲书楹贴赠予王引之："好学深思，心知其意；聪颖特达，文而又儒。"

朱珪，字石君，直隶大兴人，是清代著名学者朱筠之弟。朱珪乾隆十三年就中进士，并选庶吉士，授翰林院编修，又担任帝师。王引之曾与朱珪和诗相对，并深得朱珪称赞。随后王引之跟随文干拜谒翁方纲，又深得翁方纲器重。若按常理，刘镮之、朱珪、文干并不是严格意义上的授业之师，然在古代官场中，考生尊考官为师已成传统，且以上三师对于王引之官场上的影响亦有很多。

段玉裁，字若膺，号懋堂，江苏金坛人。为乾隆二十五年举人，其以研究文字、音韵、训诂而见长，并与王念孙同为戴震弟子。其与桂馥、王筠、朱骏声一同被称为"《说文》四大家"。乾隆五十五年时，段玉裁二次入都，得识王念孙、王引之父子，三人探讨音韵训诂之学，颇为契合。

汪中，字容甫，江苏江都人。为乾隆四十二年贡生，因家贫故不应仕。为乾嘉朴学名儒。其博通经术，尤其擅长诸子之学。著有《述学》《春秋后传》

《广陵通典》等书，王引之与其交往深厚。其卒后，王引之特为其作《王荣甫先生行状》。

王绍兰，字畹馨，号南陔，晚年自号思惟居士，浙江萧山人。为乾隆五十八年进士。其在《说文》《仪礼》方面研究透彻。王引之《王南陔中丞〈困学说文图〉跋》中，引用王绍兰之语，并记述以声音通训诂之精义。

焦循，字理堂，江苏甘泉人。为嘉庆六年举人，精通经师之学，尤其在《周易》方面。其学术与阮元齐名。焦循对王念孙、王引之父子的学问十分推崇，在其《雕菰楼集》中就称赞父子二人"训诂声音，经之门户。不通声音，不知训诂。训诂不知，大道乃沮。字异声同，义通形假。或转或因，比例互著。高邮王氏，郑、许之亚。借张辑书，示人大路。经义述闻，以子翼父。"①

---

① ［清］焦循.读书三十二赞》，《雕菰集》，北京：商务印书馆，1937：88.

第三节　高邮二王与《经义述闻》

《经义述闻》是一部从经学、小学和校勘学角度来研究儒学群经的经学著作，本节即从《经义述闻》之名与《经义述闻》作者两方面来进行探讨。

一、《经义述闻》之名

所谓"述闻"，王引之在《经义述闻·自序》中自述"述闻者，述所闻于父也"①，又言"引之过庭之日，谨录所闻于大人者，以为圭臬，日积月累，遂成卷帙"。因此，《经义述闻》之名，实为王引之将其父王念孙所述之经义加以整理并成书。所谓"经义述闻"，乃为"叙述其闻"，是王引之述闻王念孙之语，记述了王念孙、王引之父子二人关于经义的见解，被称为"研究儒学群经的札记"。《经义述闻》对经文当中的疑难问题做出了非常详细的阐释，可以说是清代人读经的重要参考书，在校勘学和训诂学上有着重要的贡献。孙锡芳即认为"王引之经学研究最著名的成果是《经义述闻》和《经传释词》，其中《经义述闻》是王引之在经典校勘领域所取得的成果"②。

《经义述闻》全书共三十二卷，两千余条，全书包括十五部分，涉及《周易》《尚书》《毛诗》《周官》《仪礼》《大戴礼记》《（小戴）礼记》《春秋左传》《国语》《春秋公羊传》《春秋谷梁传》《尔雅》十二部儒学经典，又附《春秋名字解诂》《太岁考》《通说》三篇。以上经典按顺序即为"易""书""诗""礼""春秋"五大类，与《汉书·艺文志》相同。可见王引之作为皖派古文经学派的后继者，此处亦体现了他的古文经立场。

---

① ［清］王引之.经义述闻自序 [A]，［清］王念孙等撰；罗振玉辑印.高邮王氏遗书 上虞罗氏辑本 [M].南京：江苏古籍出版社，2000：附录 28.

② 孙锡芳.清代《左传》学研究 [M].北京：中国社会科学出版社．2017：120.

《经义述闻》于嘉庆二年初刻，其后有几次比较大的版本变更。《高邮王氏父子年谱》述其版本源流曰"时年嘉庆二年丁巳初刻，凡四册，只五经义，共四百七十页，不分卷。丙子，阮文达授南昌卢氏付刻者分十五卷，凡《易》《书》《诗》《周官》《仪礼》《大戴礼》《礼记》《左传》《国语》《公羊》《谷梁》《通说》十二类。道光丁亥七年重刻于京师者，合《春秋名字解诂》《尔雅》《太岁考》，凡三十二卷。己丑，严厚民编《学海堂经解》，又删并为二十八卷。"故就版本方面，闵氏认为《经义述闻》共有四次比较大的变动：嘉庆二年初刻版，《经义述闻》不分卷，仅有五经之述闻；嘉庆二十一年重刻版，分为十五卷，有十二类；道光七年版又增补《春秋名字解诂》《尔雅》及《太岁考》，共三十二卷；同治四年《学海堂经解》版又删减至二十八卷。直至当代，较为通行的版本亦为三十二卷本。如此众多的版本，完整地记录了《经义述闻》的成书过程。由此可见，《经义述闻》比较常见的版本为三十二卷版本、二十八卷版本，现代通行的三十二卷版本，前二十八卷为"用小学说经、用小学校经"，后四卷为《太岁考》及《通说》部分。然而笔者检索"全国古籍普查登记基本数据库"，发现贵州省图书馆藏有清嘉庆二年京师面江米巷寿藤书屋《经义述闻》三十二卷的刻本，与王引之成书进度不符合，概是道光七年之误。又有首都图书馆、天津图书馆、陕西图书馆所藏《经义述闻》三十二卷亦有嘉庆二十二年刻本之版本，数量较多。并且在山东省图书馆，笔者在古籍普查时发现《经义述闻》三十二卷版本下函八册，但由于无首卷，暂时定为清刻本，但行款与上述三家相同，究竟是普查时整理之误，还是阁氏所作考证亦有疏忽，由于没有具体证据，亦未可知，尚待考证。

《经义述闻》自成书之后就广受关注。在《经义述闻》成书之际，阮元就为其写序曰："凡古儒所误解者，无不旁证曲喻而得其本意之所在。"民国以来，由于王氏著述遗稿的发现，使得学术界对于王念孙、王引之父子的研究逐步发展起来，学者们对于王引之著作给予充分的肯定，就连与王引之在今古文经方面意见相左的梁启超也称赞王引之的著作"最大的价值，在校勘和训诂方面，许多难读或前人误解的文句，读了它便涣然冰释"①。王力先生对王氏父子之学亦推崇备至，称赞道王氏父子是"乾嘉学派的代表，他们的著作是中国语言学走上科学道路的里程碑"②。

二、《经义述闻》作者考辨

然而，关于《经义述闻》的作者，学界有两种看法：一种看法是此书为王引之一人所作，这是比较主流的看法，也被诸多学者及出版社所采纳；另一种看法则认为本书为王念孙、王引之父子合力著作。《经义述闻》非王引之所著，此说由来已久。其中最有力的证据即为刘盼遂在《高邮王氏父子年谱》后所附《著述考》中载有"见王石臞手稿中有将'念孙案'改为'家大人曰'"③的情况。刘盼遂此意即为《经义述闻》中诸多条目本为王念孙所写，后经王引之转述，记于本书中。其次，王念孙在其《与宋小城书》中亦自载"于公余之暇，惟耽小学，《经义述闻》而外，拟作《读书杂志》"④，这相当于直接证明了王念孙是写过《经义述闻》的。此两条证据有力证明了王念孙是写过《经义述闻》的初稿的。

其实《经义述闻》更可以看作是王念孙、王引之父子二人合力著书的表现。据王引之其子王寿同在《观其自养斋烬余录》中统计，《经义述闻》中"述闻"仅为十分之三，而王引之自说达十分之七。凡述王念孙之说，皆注明"家大人曰"，凡王引之本人之见，则直接叙述或标明"引之谨案"或"今案"等。王引之在《经义述闻·自序》中言："引之过庭之日，谨录所闻于大人者，

---

① 梁启超. 中国近三百年学术史 [M]. 上海：上海古籍出版社，1998：45.

② 王力. 中国语言学史 [M]. 西安：陕西人民出版社，198：52.

③ 刘盼遂. 高邮王氏父子年谱，沈云龙. 近代中国史料丛刊 [M]. 台北：文海出版社，1966：79.

④ 虞万里. 王氏父子著述体式与《经义述闻》著作权公案 [J]. 文史，2015(04):121-182.

以为圭臬，日积月累，遂成卷帙。"且阮元在《序》中亦有说明王引之"幼奉庭训，引而申之，所解益多，著《经义述闻》一书"。故无论是从自说比例、"述闻"定义及旁人佐证，都可以判定《经义述闻》乃是王引之所著。正如刘歆承其父刘向《别录》之业而作《七略》，虽然王念孙功不可没，但王引之乃承其父学术之衣钵，"作者"二字是为当之无愧的。

因此，本书引用虞万里先生的观点，认为："《述闻》由伯申主笔，己说用"引之谨案"表述，援父说则改'念孙案'为'家大人曰'，以示尊敬。至于伯申撰作中之愤悱，怀祖庭训时之启发，或未必处处改标'家大人曰'。最后由怀祖统揽全局。……撰作之中，因父子同处共著，其切磋交流，可谓无日无之，故你中有我，我中有你，难分彼此，尽管以父说为主。稿成之后，可能互审，至少怀祖审阅过伯申部分文稿，并略有补充。"①《经义述闻》的成书经历了王引之成稿，王念孙删正润饰的过程。因《经义述闻》是本文讨论的重要依据，为了后文论述的严谨性，凡书中"家大人曰"的内容认定为王念孙的观点，而其他内容则为王引之的观点。

---

① 虞万里.高邮二王著作疑案考实[M].上海：上海教育出版社，2019：161-162.

第二章

高邮二王对《春秋》经传的校勘

  经典古籍在长期的流传过程中，先后经历抄本、刻本等形式，历时较长，载体多样，难免会出现错误。《春秋》经传是先秦时期的经典，流传至清代已有两千余年，加之学术变动，导致后人辄改经传之文，书中的错误已经较多。又因宋明时期崇尚理学，刻书事业发达的同时导致书商粗制滥造，轻视古本、妄改古书的现象更加不能为学者所容忍。在此背景下，学者们开始意识到经学务实的重要性。清初顾炎武提出了"经学即理学"的观点，要求学者"读九经从考文始"，为清代学者的治经方式指明了方向。至乾嘉时期，乾嘉学派学者在校勘实践中积累了丰富的校勘学理论，其中以王念孙、王引之父子校勘成就尤为突出。

  在乾嘉学派朴学传统的影响下，王氏父子进一步考据归纳其校读经典时发现的内在规律。《经义述闻》中就载有王念孙之语："说经者期于得经义而已。前人传注不皆合于经，则择其合经者从之；其皆不合，则以己意逆经义。而参之他经，证以成训，虽别为之说，亦无不可。"以此说明在校勘中"以己意逆经义"的重要性。而王引之的"以小学校经"及"三勇改""三不改"原则，又继承并发展了王念孙的校勘学理论及方法。特别是在《经义述闻》中，王氏父子对《春秋》三传中的异文校勘考订极为具体，订正了许多传文流传当中产生的错误，同时又能够依据多种致误原因进行归纳总结，为后人研究《春秋》三传校勘的发展提供了丰富的资料，促进了清代校勘学理论体系的形成和发展，在校勘学史上有着重要的地位。

  本章分为校勘内容、致误原因、校勘价值等三个方面。首先将王氏父子在《经义述闻》中对《春秋》三传的校勘进行罗列分析，并针对部分条目进行举例辨正；在此基础上，归纳《经义述闻》所总结的致误原因；最后，对高邮二王的校勘价值进行总结。

第一节 校勘内容

校勘的目的是为了纠正典籍在流传过程中产生的各种讹误。纠正讹误的前提是要能够发现错误，并分析讹误类型。《经义述闻》从"校误字""删衍文""补脱文""乙倒文"和"理错简"五个方面，对《春秋》经传中的讹误进行校勘。本节即以上五方面分类，对王氏父子所发掘的校勘之例进行罗列，并进行举例分析与驳正。

一、校误字

校误字是最常见的校勘内容，也是校勘学家最常用的基本功。汉字在产生之后，经过了多次演变，历经甲骨文、金文、篆文、隶书、楷书等形体；在书写时，又有异体、俗体、简体、草书字体差异，导致部分文字难以辨认。王氏父子从形音义多重角度入手，能够依托大量的文字材料找到带有规律性的误字，足以看出其见识与功力所在。《经义述闻》中所校正的诸多文字已经成为定谳，为后代学者所接受。

（一）校经文误字

《春秋》三传流传时间较长，历经多次文字更迭，因此在经文中已产生了诸多误字。《经义述闻》总结了众多经文误字通例，并另有《通说下》进行总结，对于后人校正《春秋》经传大有裨益。

1.《春秋左传上》"王亦能军"，王引之校"亦"字为"不"字

〔桓〕五年《传》："王亦能军。"杜注曰："虽军败身伤，犹殿而不奔，故言能军。"引之谨案：王已伤矣，尚安能殿？自古军败而殿，皆群臣为之，不问王侯身自为殿也。"亦"当为"不"，字形相似而误，此言王之余师不复能

成军耳。宣十二年《传》"楚师军于邲,晋之余师不能军"正与此同。试连上文读曰"蔡卫陈皆奔,王卒乱。郑师合以攻之,王卒大败。祝聃射王中肩,王不能军",皆甚言王师之败也。若云"王亦能军",则与上文隔阂矣。试连下文读曰"王不能军,祝聃请从之",是聃以王不能军,故欲乘其敞也。哀十一年《传》"齐人不能师。宵谍曰:'齐人遁。'冉有请从之三"正与此同。若云"王亦能军",则又与下文隔阂矣。

今案:杜预注释"王亦能军"之义,言虽周王军败身伤,尚且组织军队掩护而不奔散,因此言"能军"。王引之认为,既然周王已经受伤,又怎能为军队做掩护?自古军败而掩护,皆是群臣为之,未有王侯自身为掩护的。因此王引之校"亦"字为"不"字,言周王残余部队不能再次成军,与宣公十二年《传》所载"晋之余师不能军"相同。如此,"王不能军"既承接前文言周王已受伤故不能成军,又启连下文祝聃欲趁周王势弱请求追击,与哀公十一年《传》所载"齐人不能师"语义相合。可见在此语境下,作周王溃败,不能成军更符合逻辑。王引之所说为确。

2.《春秋左传上》"以相及也",王引之校"及"字为"反"字

〔僖二十八年《传》〕"有渝此盟以相及也。"杜注曰:"以恶相及。"引之谨案:"及"字之义不明,故杜增成其义曰"以恶相及"。然《传》文但言"相及",不言"以恶"也。今案:"及"当为"反",字之误也。(《吕氏春秋·先己篇》"反其天年"、《高义篇》"必宜内反于心"、《淮南·诠言篇》"莫能反宗",今本"反"字并讹作"及"。《史记·蔡泽传》"乘至盛而不反道理"、《秦策》"反",讹作"及"。)"相反"谓相远。韦注《周语》曰:"反,远也。"上文曰"使皆降心以相从也","从"与"远"义正相对。上文曰"不协之故,用昭乞盟于尔大神",相从则协,相反则不协矣。僖五年《传》曰"陈辕宣仲怨郑申侯之反己于召陵"、宣十五年《传》"楚子使谓解扬曰:尔既许不谷而反之,何故"、《赵策》曰"赵使姚贾约韩魏,汉魏反之"、《淮南·诠言篇》"约束誓盟,则约定而反无日"高注曰"反,背叛也",义并与此同。

今案：在王引之看来，"增字解经"是经典训释之弊，在《经义述闻·通说》中言："经典之文，自有本训，得其本训则文义适相符合，不烦言而已解，失其本训而强为之说，则阢陧不安，乃于文句之闲增字以足之，多方迁就而后得申其说，此强经以就我，而究非经之本义也。"王引之据此驳斥杜预"以恶相及"之解，认为"相及"应作"相反"，为相远之义，与前文"相从"相对，又与"不协"相通。然而，王氏仅凭主观判断认为杜预所言不确，无实际证据。又凭《左传》言"相及"不言"以恶"来判定杜注有误，校为"反"字，缺乏逻辑关系。关于"及"字之义，林尧叟、刘绩等注解家，皆作"以恶（祸）相及"①。"及"字在古籍中也多作"牵涉"之解，不单指祸事等负面现象。如隐六年《传》"长恶不悛，徒自及也"，杜预即言"长恶不止，因以害自及也"。又如僖二十四年《传》"大上以德抚民，其次亲亲，以相及也"，杜预将其释为"先亲以及疏，推恩以行义"。此处"自及"与"相及"用法相同，将此"及"字之义放置"以相及也"之中，文义亦通。由此来看，王引之改字略有牵强。

对于王引之改"及"为"反"，后世学者也多给出反对意见。如杨伯峻所言："'及'本有及于祸害之义……王说改字无据。"②竹添光鸿亦言："凡《传》言'及'者，皆谓死亡，其自致死亡者单言及，此谓同盟相俱死亡之，故云'相及'也。"③从此义来看，"相及"是祸及之义，强调违背宛濮之盟的后果。其次，就文义论之，杜注"相及"是说明"有渝此盟"之后果，而王引之校"相及"为"相反"，虽贴合前文"相从""不协"，却是改变文义。又就王氏

---

①　林尧叟言："苟有渝变此盟誓，以恶相及。司盟之明神与卫国之先君，纠正其罪而诛殛其人。"（见 [宋] 林尧叟. 左传句解》，[明] 王道焜、赵如源编. 左传杜林合注 卷十三 [M]. 清文渊阁四库全书本）又有刘绩言："变盟以祸相及。"（见 [明] 刘绩. 春秋左传类解 卷十六 [M]. 明嘉靖刻本）

②　杨伯峻. 春秋左传注 [M]. 北京：中华书局 1990：469.

③　[日] 竹添光鸿. 左氏会笺 第一卷 [M]. 四川：巴蜀书社，2008：616.

所列举的僖五年《传》、宣十五年《传》《战国策·赵策》《淮南·诠言》等四例而言，"反"字皆是背叛之义，放置于此种语境之下，于理不合。因此，杜注言"以恶"补足文义，并无疏漏，原义应为"若渝此盟，因以恶相及"。王引之改字无据。

3. 《春秋左传中》"过诸廷"条，王念孙校"过"字为"遇"字

〔襄〕三十年《传》："初，王儋季卒，其子括见王而叹。单公子愆期为灵王御士，过诸廷，闻其叹。"杜解"过诸廷"曰："愆期行过王廷。"家大人曰："过"当为"遇"，字之误也。儋括入朝，而愆期遇之于廷，故曰"遇诸廷"，犹《论语》言"遇诸涂"也。若如杜注云"行过王廷"，则当言"过廷"，不当言"过诸廷"矣。《论语》"鲤趋而过庭"，若加一字曰"鲤趋而过诸庭"，其可乎？

今案：当初，周灵王的弟弟儋季去世了，他的儿子儋括见到灵王而叹息。愆期作为灵王的御士，在过廷之时听到了他的叹息声。"单公子愆期过诸廷"，杜预注解"过诸廷"为"行过王廷"之义。王念孙认为，愆期作为御士，是在朝中遇到儋括时方听闻其叹，而非行过朝中才听闻。因此校"过"字为"遇"字，为相遇之义，如《论语》中所言"遇诸涂"之义。若为杜注"行过诸廷"解，则"诸"解为"之于"于逻辑不合，应改为"过廷"，如《论语》言"鲤趋而过庭"而不言"鲤趋而过诸庭"。王念孙所说为确。

4. 《春秋左传下》"问于介众"条，王引之校"介"字为"亓"字

〔昭〕二十四年《传》："晋侯使士景伯莅问周故，士伯立于乾祭而问于介众。"杜注曰："乾祭，王城北门。介，大也。"《释文》："介，音界。"引之谨案：言众，则周之国人胥在是矣，无取更言大也。书传亦无谓国人为介众者。"介"疑当作"亓"，"亓"，古"其"字（详见《周礼》"六乡之治"下）。"问于其众"者，问于周之众庶也。"亓"与"介"字形相似，故误为"介"。杜所见本已然。

今案："士景伯问于介众"，杜预注解"介"为"大"，即"介众"为"大

众"之义，以言士景伯问事之时周围人数之多。王引之认为，士景伯问时，国人皆在，是言"众"之义，已无法取更大之义，而书传中也再无称国人为"介众"的情况。因此王引之校"介"字为"亓"字，"亓"字本是"其"字之古字。故"问于其众"是言"问于周之众人"之义，此说是因二字字形相似而误，杜注已沿传文误字而释。王引之认为可见"介"字在杜预所见时已误，所说为确。

5.《春秋公羊传》"三月辛巳"条，王引之校"三"字为"二"字

〔定〕十四年："三月辛巳，楚公子结、陈公子佗人帅师灭顿，以顿子牂归。"引之谨案："三"当为"二"，《左氏》《谷梁》并作"二"。据杜预《长历》，是年二月己未朔，辛巳二十三日也。若三月，则戊子朔，不得有辛巳矣。《释文》但言"公子佗人"二《传》作"公孙佗人"，"牂"二《传》作"牂"，而不言"三月"二《传》作"二月"，则此《传》亦作"二月"可知。《唐石经》始误为"三"。

今案：《公羊传》记载定公十四年三月之事，《左传》及《谷梁传》皆记载为"二"月。王引之认为"十四年三月辛巳"中"三"字当为"二"字。又据杜预《长历》记载，此年二月为己未朔，辛巳二十三日。若为三月，则为戊子朔，未有辛巳。此外，在《释文》所分析三传差别时，只言《公羊传》"公子佗人"二《传》作"公孙佗人"，《公羊传》"牂"二《传》作"牂"，而未提"三月"与"二月"之误，可见《公羊传》并无"三月"之记载，原应为"二月"。王引之认为此处自《唐石经》始误，所说为确。

6.《春秋谷梁传》"一事注乎志"条，王引之校"注"字当为"详"字

〔昭〕十一年《传》："一事注乎志，所以恶楚子也。"范注曰："一事辄注而志之也。"引之谨案："注"字义不可通，"注"当为"详"。"详"字左旁草书与"氵"相似，右旁与"主"相似，故"详"误为"注"。"详乎志"者，详于志也。已书楚师灭蔡，又书执蔡世子友以归，又书用之一事而志之甚详，

所以恶楚子之强暴也。故曰"一事详乎志，所以恶楚子也"。《春秋》之义，甚美甚恶，皆详其事。成九年、襄三十年《传》并曰"详其事，贤伯姬也"，此《传》"一事详乎志，所以恶楚子也"，皆谓详志之以示法戒。范云"一事辄注而志之"，"注"亦当为"详"，谓详其事而志之也。《释文》"注乎，张具反，又之往反"，则唐初已误为"注"，不始于《石经》矣。

今案："一事注乎志"，即前文"执蔡世子友以归，用之"一事，以"恶楚子"。范宁言此事"注而志之"。王引之认为此处义不可通，"注"字当为"详"字，为详细记录之义。既然前文已述"楚师灭蔡"及"执蔡世子友以归"之事，当为"详乎志"以"恶楚子"。因《春秋》中甚美甚恶之事都详述其事，如《成公九年》与《襄公三十年》皆有"详其事，贤伯姬也"，与此处相对，故此处亦当详志之。而根据《释文》注音，可知唐陆德明时已误为"注"，不始于《唐石经》。王氏所说为确。

笔者统计，包含以上条目在内，《经义述闻》共校三传经文误字 55 例。罗列如下：

校"之"为"其"，辨见《左传》"鸟兽之肉不登于俎"；

校"从"为"徒"，辨见"从自及也 苟伯不复从"；

校"郕"为"成"，辨见"隰郕"；

校"亦"为"不"，辨见"王亦能军"；

校"徒"为"侍"①，辨见"徒人费"；

校"三"为"三"，辨见"马三匹"及"三军萃于王卒"；

校"贰"为"貣"，辨见"不可以贰 不能苟贰 臣不敢贰 好学而不贰 不贰其命"及"其卜贰围也"；

校"重"为"动"，辨见"戚忧以重我"；

---

① "徒人费"条目正文载："'徒'当为'侍'，字之误也。"然《通说下》中另有"'待'与'徒'相似，而误为'徒'"，似"侍"字误写为"待"字。

校"甚"为"其"，辨见"臣之罪甚多矣 行者甚众 惧者甚众"；

校"服"为"及"，辨见"子臧之服"；

校"靪"为"靳"，辨见"鞻靪靯靬"；

校"及"为"反"，辨见"以相及也"；

校"歓"为"歓"，辨见"昌歓"；

校"共"为"先"，辨见"必亲其共"；

校"囿"为"圃"，辨见"具囿"；

校"杀"为"废"，辨见"杀女而立职"；

校"邽"为"圭"，辨见"郔邽"；

校"攻"为"杀"，辨见"攻灵公"；

校"免"为"勉"，辨见"赖前哲以免也"；

校"闲"为"与"，辨见"闲蒙甲冑"；

校"为"为"而"，辨见"射为礼乎"；

校"遒"为"迈"，辨见"遒人"；

校"臧"为"孟"，辨见"则季氏信有力于臧氏矣"；

校"过"为"遇"，辨见"过诸廷"；

校"闳"为"阁"，辨见"高其闳闳"；

校"完"为"宇"，辨见"缮完葺墙"；

校"室"为"生"，辨见"是谓近女室疾如蛊"；

校"貌"为"视"，辨见"貌不道容"；

校"四"为"三"，辨见"是四国者"；

校"曰"为"由"，辨见"曰义也夫 犹义也夫"；

校"曰"为"且"，辨见"且谚曰"；

校"介"为"尒"，辨见"偪介之关"；

校"介"为"其"，辨见"问于介众"；

校"莫"为"其"，辨见"莫"；

校"郈"为"后"，辨见"季郈 郈氏 郈昭伯 郈孙"；

校"彤"为"雕"，辨见"彤镂"；

校"涂"为"壁"，辨见"潜师闭涂"；

校"王"为"公"，辨见"先王"；

校"最"为"冣"，辨见《公羊传》"会犹最也"；

校"搬"为"杀"，辨见"臂搬"；

校"序"为"予"，校"绩"为"积"，辨见"序绩"；

校"乙"为"己"，辨见"乙未"；

校"三"为"二"，辨见"三月辛巳"；

校"其"为"且"，辨见《谷梁传》"其志不及事也"；

校"讨"为"计"，辨见"讨数日以赂"；

校"正"为"三"，辨见"春王正月"；

校"辟"为"膝"，辨见"故士造辟而言"；

校"闇"为"瘖"，辨见"下闇"；

校"至"为"志"，辨见"周灾不志也"；

校"介"为"尒"，辨见"不以难介我国也"；

校"知"为"叛"，辨见"是以知其上为事也"；

校"荐"为"义"，辨见"荐其美也"；

校"张"为"疆"，辨见"是大夫张也"；

校"汲"为"没"，辨见"汲郑伯"；

校"注"为"详"，辨见"一事注乎志"。

王氏父子在校勘过程中，能够随文释义，从文义、字形等方面考察，再辅以他书引文材料纠正正文误字，确实不易。但其校勘中过分疑古，导致文义稍有不顺，则认定为误字辄改之，校勘成果尚有可商榷之处。对于王氏父子的校勘成果，后世学者在整理过程中往往多加引用参考并予以评价。在杨伯峻《春秋左传注》中，就引用王氏父子所校内容。王氏父子所校《左传》38例误字，杨伯峻共引26例，赞同14例：采纳了"隰郤""徒人费""子臧之服""辒轊鞅鞿""昌歜""必亲其共""郕邦""攻灵公""曰义也夫 犹义也夫""且谚曰""偪介之关""彤镂""潜师闭涂""先王"等共14例；认为"从自及也 苟伯不复从""王亦能军""不可以贰 不能苟贰 臣不敢贰 好学而不贰 不贰其命""其卜贰围也""臣之罪甚多矣 行者甚众 惧者甚众""以相及也""具囿""杀女而立职""貌不道容""问于介众"等10例无据，不可从；又引用"戚忧以重我""是谓近女室疾如蛊"2例作参考而未评价。总的来说，王氏父子所校内容尚有可取之处，可信度较高。

（二）校注文误字

《春秋》三传中的经文误字是《经义述闻》校勘的主要内容，然而由于先秦典籍流传悠久，附于经文下的注文亦已被传抄了千余年。王氏父子凭借语言文字功力，能够敏锐地发现各家注文及《释文》中的误字并进行校正，不仅校注了原注，对我们理解经传亦是大有裨益。

7.《春秋左传下》"迋求枉反"条，王引之校"求"字为"丘"字

〔昭〕二十一年《传》："子无我迋，不幸而后亡。"杜注曰："迋，恐也。"《释文》："迋，求枉反，恐也。"引之谨案："求"本作"丘"，浅人改之也。"迋"之本训为"往来"之"往"（迋，于放切。《说文》"迋，往来也，从辵王声"，引《春秋传》曰"子无我迋"，盖谓《左传》借用"迋"字，非谓其训为"往"也，训"往"则其义不可通），借以为"恇惧"之"恇"。"恇"有丘往反之音（"丘往"与"丘枉"同），《礼器》"众不匡惧"，郑注曰："匡，犹恐也。"《释文》"匡"作"恇"，"音匡，又丘往反"是也。"迋"训为恐，则与"恇"同，故亦音"丘枉反"，若音"求枉反"，则当训为诳欺，不得训为恐矣。《郑风·扬之水篇》"人实迋女"，《释文》："迋，求迋反，诳也。"定十年《传》"是我迋吾兄也"，《释文》："迋，求往反，欺也。"

与音丘往反而训为恐者不同。浅人习见"迋"字有求迋反之音，辄改"丘"为"求"，而不知字虽同而音义则异也。段氏《说文注》谓"人实迋女"之"迋"为"诳"之假借，是也；而谓"子无我迋"之"迋"亦同，则非也。"子无我迋"乃"悎"之假借，言子毋以是言恐惧我，今日之事，不幸而后死亡，幸犹不亡也，岂"诳"之假借乎？

今案："子无我迋"之"迋"字，杜预注释为"恐"，《释文》据杜注所释读作"求枉反"。王引之认为，若《释文》据杜注之义，则不应读作"求枉反"，而作"丘往反"。此处《释文》应是后世之人改动致误。若如《释文》读为"求枉反"，释"迋"应为"诳欺"，与"迋"义不符。如《郑风·扬之水》中，《释文》"迋，求迋反，诳也"；又有《定公十年》"是我迋吾兄也"，《释文》"迋，求往反，欺也"，皆是"诳欺"之义。故"迋"本义为"往来"之"往"，其又假借作"悎"，即杜注所释"恐"之义。若正解作"悎"，应为"丘往反"之音。如《礼器》中，《释文》据郑注"匡，犹恐也"读作"丘往反"。由此可知，"迋"有"恐惧"与"诳欺"二义，其义不同，音也不同，故反切也不同。由于流传时二义不分，学问浅薄之人见'迋'字即释求迋反之音，往往改'丘'为'求'。王引之校注文误字从字义入手，以正读音，阐明"字虽同而音义各义"，判定"迋"实为"悎"之假借，所说为确。

二、删衍文

衍文就是后人有意或无意添加了原书当中所没有的文字，先秦典籍几乎每一次传抄都可能会导致衍文。可以说自文献的产生开始，就无法避免衍文，所以删衍文成为校勘的重要内容。王引之在《通说下》对衍文的产生做出了基本的探讨，并将"经之衍文"以时期为界，分为"有自汉儒作注时已衍者""有自唐初作疏时已衍者""有至唐开成石经始衍者"三类情况，将衍文产生的时代向前推至先秦时期，并以此为根据进行辨正。

（一）删经文误字

王氏父子所删衍文，依据古书字例、词例、文例进行判定，具有极强的说服力。又比勘本文义理及各类旁证为证，剔除衍文，以使经文复归本真。

8.《春秋左传上》"汉水以为池"条，王念孙校"水"字为衍文

〔僖四年《传》〕"楚国方城以为城，汉水以为池。"《经义杂记》曰："《释文》作'汉以为池'，云'本或作汉水以为池。水，衍字'。案：杜注云'方成山在南阳叶县南。汉水出武都，至江夏南入江'，则'方城'者，山名；'汉'者，水名。《传》文'汉'不言水，犹'方城'不言山也。"家大人曰：臧说是也。他书所引，多作"汉水以为池"，盖后人依已衍之《传》文加之也。《商颂·殷武》正义引服注云："方城，山也。汉，水名。"若《传》文本作"汉水"，则服注为赘语矣。自《唐石经》依或本加"水"字，而各本皆沿其误。

今案：王引之引臧琳《经义杂记》之说，据《经典释文》异文作"汉以为池"，故"水"字为衍字。又依杜预释"方城"为山名，"汉水"为水名，认为"汉"后不当言"水"，正如"方城"不言山。王念孙依《诗经·殷武》正义中引服虔所注"方城，山也。汉，水名"，认为若原文为"汉水"，则服注"水名"为赘语。以此三说，故言此衍文自《唐石经》有之，他书所传"汉水以为池"皆是后人依据已衍之文所讹。首先，《经典释文》异文本是一说，未有确证。若如臧说，则王氏改字略有牵强。杜预所言是建立在将"方城"释为"方城山"的基础上的。然就"方城"的释义来说，除上文杜预释为"方城山"外，还有"城塞说""城邑说""长城说"等观点。若"方城"之名即是城塞、城邑之义，本不用言山，又何谈"汉"后不当言"水"？换言之，"方城"言"城"，则"汉水"为何不当言"水"？对于臧氏所言，后世学者也存在着不同意见。如杨伯峻言："王念孙据臧琳说，以'水'字为衍文，其实不确。"[1]故此处仅据杜预注以反驳传文，确有可议之处。而凭服虔释"汉"为"水名"，

---

[1]　杨伯峻.春秋左传注[M].北京：中华书局，1990：293.

亦不可推断出原文本无"水"字。在汉代注解家中，注"某水"为水名并不是个例，如《史记·大宛列传》索隐引服虔注释"盐水"为"水名"①，另有高诱注《吕氏春秋·离俗览》释"募水"为"募，水名也"②。由此可证，王说无凭。其次，就修辞而言，"方城以为城，汉水以为池"，指用方城作为城，用汉水作护城河，是外交辞令上的骈行对仗。竹添光鸿引松崎之言，认为："'方城'复名，'汉'单名，故《传》加水字以取整，乃古人措辞之常。"③可看出"方城"与"汉水"并列，均是楚国的防御措施，利用简洁的文字体现出楚国境土之远、城池之险，正如前文齐侯所言："以此众战，谁能御之！以此攻城，何城不克！"故此处的"汉水"并非是因"水"而衍，而是为求工整而作。《文心雕龙·史传》赞颂"辞宗丘明"，《史通·申左篇》盛赞左氏的语言"其文典而美，其语博而奥"，皆指《左传》语言整齐而富有节奏。最后，依据王氏父子所言，后世所载"汉水以为池"皆是"盖后人依已衍之《传》文加之也"，则将后世类书，如《文选》《太平御览》等书中"汉水以为池"的记载纯粹归纳于"因袭谬误"，似乎太过绝对。因此，"汉水以为池"不应简单地看作是一个校勘问题，"汉水"对"方城"，是《左传》为对仗工整、行文有致而特意骈行偶句，此种说法是比较有合理性的。故依据以上观点，王氏之说未必可信。本条来源于《经典释文》。而此书本在校勘时，本是选择一个底本，然后引各本异文而校。由此可见，文献异文既可以启发学者辨讹误，也可能会误导学者，出现校勘错误。

9.《春秋左传中》"斗谷于菟"条，王引之校"斗"字为衍文

〔宣四年《传》〕"楚人谓乳谷，谓虎于菟，故命之曰斗谷于菟。"引之谨案：《传》凡言"命之曰某"者，皆名也，未有连姓言之者。"斗"字盖涉他篇

① [汉]司马迁.史记[M].中华书局 1982：3175.
② 许维遹.吕氏春秋集释[M].北京：中华书局，2009：511.
③ [日]竹添光鸿.左氏会笺 第一卷[M].四川：巴蜀书社，2008：401.

"斗谷于菟"而衍，自朱梁补《石经》已然，而各本皆沿其误。《汉书·叙传》："楚人谓乳为谷，谓虎为于檡（与"菟"同），故名谷于檡。"《论语·公冶长篇》皇疏："此儿为虎所乳，故名之曰縠于菟也（縠，奴口反，《说文》："縠，乳也，从子縠声。"作"谷"者，借字耳）。"皆无"斗"字。

今案：对于子文的名字，楚人称其为"斗谷于菟"。王引之在这里做出了详细的考证。前文所述子文被老虎所养育，而楚国人称养育为"谷"（《论语》作"縠"），又称老虎为"于菟"（《汉书》作"于檡"），因此将子文名为"谷于菟"。然而《左传》中凡是提及"命之曰某"，皆不提姓氏。则"斗谷于菟"中不应当有"斗"字。王引之经过考证，猜测应是涉他篇中"斗"字而衍。自朱梁补《石经》已误。笔者对《左传》中"命之曰某"的情况进行了求证，有《桓公二年》"晋穆侯之夫人姜氏以条之役生太子，命之曰仇。其弟以千亩之战生，命之曰成师"，又有《桓公六年》"是其生也，与吾同物，命之曰同"。以上二例都无姓氏。故此处王引之所述是也。

10.《春秋公羊传》"必无纪者"条，王引之校"者"字为衍文

〔庄四年《传》〕"古者有明天子，则纪侯必诛，必无纪者，纪侯之不诛，至今有纪者，犹无明天子也。"引之谨案："必无纪"下不当有"者"字，盖涉下文"至今有纪者"而衍。唐石本阙"无纪者"三字，而字数与今本同，则原刻已衍"者"字矣。

今案：此条义为"假若古时有贤明天子，则纪侯一定会被诛杀，必然没有纪国，纪侯到现在还没有被诛杀，到现在还有纪国的原因，是因为没有贤明的天子"。依据文义，"至今有纪者"之"者"应是表原因，向上承接"犹无明天子"。而"必无纪"后无表原因之辞，则"者"字不当出现在此处。故王引之认为"者"字为衍文，因涉下文"至今有纪者"而衍。《唐石经》原刻时已衍，王引之所言为确。

11.《春秋谷梁传》"其为主乎救齐"条，王引之校"其"字为衍文

〔《经》〕二十年："秋，齐人、狄人盟于邢。"《传》曰："邢为主焉耳，邢小，其为主何也？其为主乎救齐。"引之谨案："为主乎救齐"上不当有"其"字，盖涉上句而衍，自《唐石经》已然，而各本皆沿其误。"二年，虞师、晋师灭夏阳。"《传》曰："虞无师，其曰师何也？以其先晋，不可以不言师也。其先晋何也？为主乎灭夏阳也。"文义正与此同。

今案：《经》言"齐人狄人盟于邢"，义为齐国和狄人在邢国相会并定下盟约。然《传》言邢国为主持，但邢国是小国，其为何是主持？是以邢国为主援救齐国。王引之认为"为主乎救齐"上不应当有"其"字，前文已经提出问题，则此处"其"字语义上无实义，当为衍文，是涉上句"其为主何也"中"其"字而衍。此处自《唐石经》已误，而后世各本皆依此本而误。《僖公二年》中有"其先晋何也？为主乎灭夏阳也"是同理。

笔者统计，包含以上条目在内，《经义述闻》中共删《春秋》三传中的衍文三十四例。罗列如下：

校衍"嬖"字，辨见《左传》"东关嬖五"；

校衍"水"字，辨见"汉水以为池"；

校衍"狄师"二字，辨见"以狄师攻王"；

校衍"曰"字，辨见"曰称舍于墓"；

校衍"公"字，辨见"秦穆公"；

校衍"斗"字，辨见"斗谷于菟"；

校衍"两之"二字，辨见"以两之一卒适吴舍偏两之一焉"；

校衍"士鲂"二字，辨见"栾黡士鲂上之"；

校衍"盟"字，辨见"与子上盟"；

校衍"威"字，辨见"威仪"；

校衍"相"字，辨见"不能相礼"；

校衍"之乎"二字，辨见"三军之事乎不与谋师乎师乎何党之乎"；

校衍"吴"字，辨见"使处吴竟"；

校衍"不"字，辨见《公羊传》"如勿与而已矣"；

校衍"徒"字，辨见"大阅者何简车徒也；搜者何简车徒也"；

校衍"车"字，辨见；校衍"者"字，辨见"必无纪者"；

校衍"言"字，辨见"此未有言伐者"；

校衍"朔"字，辨见"二月癸亥朔"；

校衍"主"字，辨见"以为周公主"；

校衍"身"字，辨见"终身无已也"；

校衍"叔孙"二字，辨见"叔孙舍至自晋"；

校衍"说"字，辨见《谷梁传》"或说曰故贬之也"；

校衍"王"字，辨见"十八年春王正月"；

校衍"大夫"二字，辨见"称人以杀大夫"；

校衍"之"字，辨见"宋万之获也"；

校衍"如"字，辨见"如往月致月"；

校衍"不得"二字，辨见"诸侯不得专封诸侯"；

校衍"之后"二字，辨见"一国之后"；

校衍"谏"字，辨见"宫之奇谏曰语曰"；

校衍"诸侯相见曰朝"六字，辨见"诸侯相见曰朝"；

校衍"其"字，辨见"其为主乎救齐"；

校衍"进"字，辨见"进不能守"；

校衍"郑"字，辨见"地而后伐郑"。

在杨伯峻《春秋左传注》中，共引用王氏父子所校《左传》衍文 13 例中的 10 例，认为"东关嬖五""汉水以为池""栾黡士鲂上之""三军之事乎不与谋师乎师乎何党之乎""使处吴竟"等 5 例不可信；"日称舍于墓""秦穆公""斗谷于菟"等3例可信；又引"以狄师攻王""威仪"2例而未评价。总体来说，王氏父子所校衍文对后来的学者还是很有参考价值的。

（二）删经文衍段

《经义述闻》中除了删衍字词外，还有删衍段的情况。衍段落的情况较衍字来说，可以凭借上下文义来判断。

12.《春秋左传下》"元年春正月辛巳晋魏舒合诸侯之大夫于狄泉将以城成周"条，王引之校下文为衍段落

引之谨案：昭三十二年《传》"冬十一月，晋魏舒、韩不信如京师，合诸侯之大夫于狄泉，寻盟，且令城成周"，与此为一事，不应已见于前年冬十一月，又见于是年正月也。以经考之，仲孙何忌会晋韩不信、齐高张、宋仲几、卫世叔申、郑国参、曹人、莒人、薛人、杞人、小邾人城成周，书于昭三十二年冬，不书于定元年春，则狄泉之会实在前年，而不在是年明甚。《晋语》："敬王十年，刘文公与苌弘欲城成周，为之告晋。"敬王十年，鲁昭之三十二年也。（见韦《注》及《史记·十二诸侯年表》。）下遂云："是岁也，魏献子合诸侯之大夫于狄泉，遂田于大陆，焚而死。"则狄泉之会实在昭三十二年（韦《注》云"鲁定之元年"，失之。辨见《国语》），正与《春秋》经合。然则昭三十二年《传》载狄泉之会于冬十一月者，为得其实。而定元年《经》"元年春正月，合诸侯之大夫于狄泉"，年时与月皆失其实矣。元年《传》又云："庚寅，栽。"杜氏《长历》以为元年正月乙亥朔，辛巳为正月七日，庚寅为十六日。案：辛巳、庚寅皆当在昭三十二年十一月，据《长历》，昭三十二年十一月丙子朔，则辛巳在十一月六日，庚寅在十五日。昭三十二年《传》："冬十一月己丑，士弥牟营成周，计丈数，揣高卑，度厚薄，仞沟洫，物土方，议远迩，量事期，计徒庸，虑材用，书糇粮，以令役于诸侯。"己丑正在庚寅之前一日（《长历》云十四日），盖十一月十四日令役，十五日遂设板筑也。若以"庚寅栽"为正月十六日事，则岂有自十一月己丑令役，历两月之久而始设板筑者乎？元年《传》又云"城

三旬而毕"，计当始于昭三十二年冬十一月十五日庚寅，毕于十二月十五日己未（不毕于十二月十四日者，《长历》云十一月小），非自定元年正月筑城，至二月始毕也。杜氏不悟元年春正月合诸侯之大夫为误载前年十一月之事，乃以辛巳、庚寅并属之元年正月，疏矣。

今案：《昭公三十二年》载此年十一月"晋魏舒、韩不信合诸侯之大夫于狄泉"之事，然《定公元年》正月亦言"晋魏舒合诸侯之大夫于狄泉"。一事不得分二年载，可见此处必有衍文。王引之依据《晋语》所载，可知"会于狄泉"一事当发生在敬王十年，即昭公三十二年，此条所载符合史实，则定公元年所载之事应为衍段落。下条"孟懿子会城成周"中亦有此类表述。

13.《春秋左传下》"孟懿子会城成周"条，王引之校此文为衍段落

〔定元年〕杜注曰："不书，公未即位。"引之谨案："孟懿子会城成周"，即昭三十二年《经》所书"冬仲孙何忌会晋韩不信、齐高张、宋仲几、卫世叔申、郑国参、曹人、莒人、薛人、杞人、小邾人城成周'也。《传》当属之前年十一月，误载于是年正月耳。非是年正月实有孟懿子会城成周之事，而经不书也。且城三旬而毕，则前年十二月筑城已毕（说见前），尚何正月会城成周之有？

今案：此处亦言传文中《昭公二十三年》"晋魏舒、韩不信合诸侯之大夫于狄泉"与《定公元年》"孟懿子会城成周"一事重复记述。杜预注《春秋》经文不书《定公元年》有此事的原因是"公未即位"，然而王引之认为是年并非发生此事，因此经文不书，并非是"公未即位"的原因。顾炎武《左传杜解补正》亦认为此处重复当删去其一。杨伯峻《春秋左传注》中引王说及顾说，认为此段记事与去年传大致相同，可见王引之所校此处衍段落可信。

三、补脱文

"脱文"与"衍文"相对，是指在经典流传过程中所导致的缺字漏句。脱

文一般分为两种情况：一种是如前文所述唐代开成石经及传抄过程中的偶然脱字的情况；一种是《通说下》中所述"古人之文，有下文因上而省者，亦有上文因下而省者"这样故意脱文的情况。补脱文与删衍文所不同的是，衍文通过上下文或文义找到所衍文字进而进行校删，脱文则是通过别篇所引用或相似的文字或依据文义进行补字。王引之校勘详审上下文义，论证是否脱字。

14.《春秋左传中》"臣不敢及"条，王念孙校"臣"字上脱"使"字

襄四年《传》："三《夏》，天子所以享元侯也，使臣弗敢与闻。《文王》，两君相见之乐也，臣不敢及。"家大人曰："臣"上亦当有"使"字，三《夏》《文王》皆非宴使臣之乐，故曰"使臣弗敢与闻"，又曰"使臣不敢及"。若云"臣不敢及"，则上下异文矣。下文云"君所以劳使臣"，又云"君教使臣"，"使"字皆不可省也。《乡饮酒礼》疏引此无"使"字，亦后人依俗本《左传》删之。案：《正义》云："诸侯来朝，乃歌《文王》，遣臣来聘，必不得同矣。""遣臣"即使臣，则《传》文本作"使臣不敢及"明矣。《鲁语》云："夫先乐金奏《肆夏》《繁遏》《渠》，天子所以飨元侯也。夫歌《文王》《大明》《绵》，则两君相见之乐也。皆非使臣之所敢闻也。"彼文总说六诗，而曰皆非使臣之所敢闻，则此亦当云"使臣不敢及"明矣。自《唐石经》始脱"使"字，而各本皆沿其误。小、大雅《雅谱》正义及《太平御览·礼仪部二十一》引此并作"使臣不敢及"。

今案："三《夏》"为天子招待诸侯之乐，而"《文王》"是两国国君相见之乐，在重视等级制度的先秦时期，使臣确是"弗敢与闻""不敢及"。王引之依据文义，认为上下两句相对。又依据下文"君所以劳使臣"及"君教使臣"二处复现"使臣"，则"臣不敢及"上当脱"使"字。《正义》中言"遣臣来聘，必不得同矣"，《鲁语》"非使臣之所敢闻也"，即是"使臣不敢及"之义。而《乡饮酒礼》疏中引此文并无"使"字，似是后人依据已误《左传》而删改的。此处自《唐石经》始误，而后世小、大雅《雅谱》正义及《太平御览》皆误。

15.《春秋左传中》"春秋范匄少于中行偃而上之"条，王引之校"上之"二字上脱"中行偃"三字

〔襄〕九年《传》："范匄少于中行偃而上之，使佐中军。"杜注曰："使匄佐中军，偃将上军。"引之谨案："上之"二字上盖脱"中行偃"三字，此言范匄年少于中行偃，而偃以匄为贤，让之使居己上也。下文"韩起少于栾黡，而栾黡、士鲂上之（"士鲂"二字衍，说见下），使佐上军"，是其例矣。若但云"上之"而不言"上之"之人，则文义不明。杜注"栾黡、士鲂上之"云"黡、鲂让起"，而此不云偃让匄，则所见本已脱"中行偃"三字。

今案："范匄少于中行偃而上之"一句文义为"范匄比中行偃年轻，却比中行偃贤良"。王引之认为，"上之"前应补所对比之人，则此处脱"中行偃"三字。且下文中亦有"韩起少于栾黡，而栾黡、士鲂上之"与此相对。又根据杜注亦无"中行偃"，则可判定杜预所据之本已有脱文。杨伯峻言"王引之《述闻》谓'而'下脱'中行偃'三字，未尝无理"[1]。笔者认为，就前后文对照而言，王说是也。然《浙江大学藏战国楚简》左第二十二、第三十三、三十四简缀合有"范匄少于中行而上之"，与今本《左传》同，有学者认为此处可讨论浙江大学所藏楚简的真伪问题，或是后人照传世本作伪而成。

笔者统计，包含以上条目在内，《经义述闻》中共校《春秋》三传中的脱文16例。罗列如下：

校"虽"下脱"君之"二字，辨见《左传》"虽众"；

校"受"上脱"卒"字，辨见"受下卿之礼"；

校"怀公"下脱"立"字，辨见"怀公命无从亡人"；

校"丁未"下脱"入于绛"三字，辨见"丁未朝于武宫"；

校"孟明"下脱"曰"字，辨见"不替孟明孤之过也"；

校"鼋"下脱"羹"字，辨见"食大夫鼋"；

---

① 杨伯峻. 春秋左传注 [M]. 北京：中华书局，1990：966.

校"薄之"下脱"可",辨见"薄之也";

校"臣"上脱"使"字,辨见"臣不敢及";

校"上之"上脱"中行偃"三字,辨见"范匄少于中行偃而上之";

校"荀偃"上脱"使"字,辨见"荀偃将中军";

校"于河"上脱"沈"字,辨见"用成周之宝珪于河";

校"不为"下脱"不"字,辨见"不为义疚";

校"靳"上脱"有"字,辨见"如骖之靳";

校"弟也"上脱"女"字,辨见《公羊传》"弟也";

校"其意"上脱"如"字,辨见"其意也"。

王氏父子所校《左传》13 例,杨伯峻《春秋左传注》引用 11 例。其中可信度较高的有"受下卿之礼""怀公命无从亡人""不替孟明孤之过也""臣不敢及""范匄少于中行偃而上之"5 例;论述与王说相同但未引用王说之论的有"虽众""用成周之宝珪于河"2 例;不可信的有"丁未朝于武宫""薄之也""荀偃将中军"3 例;引用而未定论的有"食大夫黿"1 例。可见对于脱文的校勘,王氏父子能够凭借逻辑性的推理,发现文献中遗漏的文字,后世采纳颇多。

四、乙倒文

传文在传抄过程中,除衍文及脱文之外,亦有颠倒之文字。一方面是传抄或刻书之人不审文义从而粗心致误;另一方面则是因为理解错误而强加误字。王氏父子溯其本原,在整理倒文的过程中辨析文字,校勘异文,依据不同方法进行修改,引用类例,增强了所校文字的可信性。

16.《春秋谷梁传》"君躬",王引之校"君躬"为"躬君"

〔庄元年《传》〕"躬君弒于齐,使之主婚姻,与齐为礼,其义固不可受也。"引之谨案:"躬君弒于齐"当作"君躬弒于齐"。范注曰:"鲁桓亲见弒于齐。""鲁桓"释"君"字,"亲见杀于齐"释"躬弑于齐"四字,则范所据本作"君躬弑于齐"明甚。而《释文》出"君释"二字,则唐初"君"字已误倒于"躬"字之下,不始于《石经》矣。或曰:《释文》当本作"躬弑",后人以已误之《传》文改之也。

今案:庄公元年,鲁国大夫单伯迎接周王之女王姬。针对单伯为何不到周去迎接,《谷梁传》解释道,因为鲁桓公被齐杀死,因此,让鲁国主婚,与齐国履行礼仪,按朝礼节当然不可以接受。王引之认为,"躬君弑于齐"应当为"君躬弑于齐",依据范注,此处当释为"国君被亲见被齐国杀死"。且《释文》本作"君释"(应当是音近而误),则可证唐初"君"字已误倒在"躬"字之下,而非是从《唐石经》开刻时开始。可见王说是也。

17.《春秋谷梁传》"三鼓三兵",王念孙校"三鼓三兵"为"三兵三鼓"

〔庄〕二十四年《传》:"天子救日,置五麾,陈五兵,五鼓,诸侯置三麾,陈三鼓三兵。"家大人曰:"陈三鼓三兵"本作"陈三兵三鼓",与上文文同一例。《唐石经》"兵""鼓"二字互误,而各本皆从之。《北堂书钞·武功部八》《太平御览·天部四》《兵部七十二》《开元占经·日占六》引此并作"陈三兵三鼓"。

今案:庄公二十五年(上文为误载)记载,天子置办救日之礼,设置五种麾旗,陈列五种兵器五种鼓,诸侯设置三种麾旗,陈列三种兵器三种鼓。王念孙认为"诸侯陈三鼓三兵"依上文"天子陈五兵五鼓"应为倒文,当为"诸侯陈三兵三鼓"。《北堂书钞》《太平御览》《开元占经》引此皆为"三兵三鼓"。自《唐石经》始误,而后各本皆依此误。

笔者统计,包含以上条目在内,《经义述闻》中共校《春秋》三传中的倒文5例:

校"暴"字在"蔑"字上,辨见《左传》"蔑之 暴妾使余";

校"非有即尔"作"非即有尔",辨见《公羊传》"非有即尔";

校"往""反"当上下互易,辨见"或曰往矣或曰反矣";

校为"君躬"，辨见《谷梁传》"躬君"；

校为"三兵三鼓"，辨见"三鼓三兵"。

五、理错简

"简"是指雕版印刷术未盛行时用竹简或木板所串联成的书。因编联简片年久易断，在重新编排时难免会发生前后顺序错乱的情况。一般来说，错简往往发生在秦汉时期，由于错版流传时间较久，容易被后世接受，所以更加难以发现。故发现错简之文对于校勘学家来说本身就是一项比较困难的工作，更不必说还要将所衍之文安放至所脱之处。王氏父子凭借扎实的小学功底和丰富的校勘经验，详查上下文义，理顺错简之文，从而使传文文通义顺。

18.《春秋左传上》"错简二十八字"，王引之校"晋侯"以下二十八字当在"卫人平莒于我"之前

〔庄元年《传》〕"赵衰为原大夫，狐溱为温大夫。卫人平莒于我。十二月，盟于洮，修卫文公之好，且及莒平也。晋侯问原守于寺人勃鞮。对曰：'昔赵衰以壶飧从径，馁而弗食。'故使处原。"引之谨案："晋侯"以下二十八字当在"卫人平莒于我"之前。其曰"故使处原"，正说赵衰为原大夫之由也。错简在下耳。

今案：上文庄公元《传》文二十八字实际上记载了三件史实。王引之认为，前二句"赵衰为原大夫，狐溱为温大夫"为一事；"卫人平莒于我"为一事，后文"十二月，盟于洮"是"卫人平莒"的结果；而下文中"晋侯问原守于寺人勃鞮"是指晋侯向寺人勃鞮询问守卫原地的人选，应当承接"赵衰为原大夫，狐溱为温大夫"之后，"卫人平莒于我"之前。故此二十八字应属错简，经过调整，原文应当为："赵衰为原大夫，狐溱为温大夫。晋侯问原守于寺人勃鞮。对曰：'昔赵衰以壶飧从径，馁而弗食。'故使处原。卫人平莒于我。十二月，盟于洮，修卫文公之好，且及莒平也。"因此，在庄公元年冬

天，晋文公任命赵衰为原大夫，狐溱为温大夫。当时晋文公向寺人勃鞮询问守原地的人选，勃鞮回答："当初赵衰带着食物（追随你），他走小路，虽然饥饿却不愿独自吃食物。"所以晋文公派赵衰担任原大夫。卫国人调停莒国与鲁国的关系，十二月时双方在洮地结盟，重修卫文公时的友好关系，并且与莒国讲和。

第二节　致误原因

王引之在校勘《春秋》三传的过程中，不仅对讹误内容进行了具体分析，还举例分析了致误原因。在《通说下》中，王引之提出了"衍文""形讹""上下相因而误""上文因下而省""增字解经""后人改注疏释文"等六例校勘总结，实际上是王引之对致误原因的理论探索。除《通说下》之外，王引之所分析的致误原因还分散在具体条目驳正当中，本节即对《经义述闻》分析《春秋》三传中所误字的致误原因进行举例分析。

一、形近相似而误

王引之在《通说下》"形讹"条中提出"经典之字，往往形近而讹，仍之则义不可通，改之则怡然理顺"。可见王引之认为"因形致误"是造成误字的主要原因。王引之虽然没有对"因形致误"进行细分，但是在条目的校勘过程中，依然体现出其致误的具体原因。王引之依据王念孙《读书杂志》中所梳理的六十四条文字致误通例，增加了对"因古字相近而误""因隶书相近而误""因草书相近而误""因部件相似而误"等的说明，并以此为据进行归类。

（一）因古字相近而误

俞樾在《古书疑义举例》中对"因古字相近而误"的现象进行了陈述，即"学者少见多怪，遇有古字而不能识，以形似之字改之，往往失其本真矣"①。可见后人在传抄中，多有不识古字而误的情况。这就是"因古字相近而致误"。在《经义述闻》中，王氏父子能够根据古字字形，来探讨《春秋》三传中因古字相近而误的字例。

---

① 俞樾. 古书疑义举例 [M]. 北京：中华书局，1956：130.

19.《春秋左传上》"杀女而立职"条，王引之校"杀"字为"废"字

〔文元年《传》〕"宜君王之欲杀女而立职也。"陈氏芳林《考正》曰："《韩非子》作'废女'，上云'黜商臣'，似作'废'字为允，然江芈怒，故甚其辞，读者正不必泥也。"又曰："唐刘知几《史通·言语篇》引作'废女'。"引之谨案：《韩子》及《史通》并作"废"，是也。上言"黜商臣"，下言"能事诸乎"，则此文本作"废女而立职"明矣。若商臣被杀，又谁事王子职乎？《列女传·节义传》载此事曰："大子知王之欲废之也，遂与师围王宫。"亦其一证也。"废"字不须训释，故杜氏无注。若是"杀"字，则与上下文不合，杜必当有注矣。自《唐石经》始从误本作"杀"。而《史记·楚世家》亦作"杀"，则后人依《左传》改之耳。若谓江芈怒而甚其词，则曲为说也。古字多以"发"为"废"，《传》文盖本作"发"，"发""杀"形相近，因误写为"杀"矣。

今案：《左传》文记楚成王欲废黜太子商臣而立公子职，商臣欲了解此事真假，遂听从潘崇之计，设宴招待江芈而故意表示不尊敬。果然江芈发怒，说出"宜君王之欲杀女而立职"之语。而后商臣确定此事为真，随即弑杀君父楚成王，坐上国君之位。陈芳林与王引之皆认为"杀女而立职"中"杀"字当作"废"字，首先是因为《韩非子·内储说下》《史通·言语》与《列女传·节义传》皆有"废"商臣的说法，为异文提供旁证。其次，因前文已述"黜太子商臣"，下文又有"能事诸乎"，则可证楚王原意为"废黜"商臣，未必会杀之。再次，若作"杀女"，则与前文文义不同，杜预必作训释。而若作"废女"，就与原义相通，故杜注无释。最后，从致误原因上来说，因"发"字古体"發"与"杀"字古体"殺"相近，故"废"字多讹作"发"字。综观以上所言，王引之的说法似乎有诸多佐证，又能探求讹字之由，但究其根本，王氏并未解除其中症结。就引文来说，亦有相当多的文献作"杀女"，并不能直接推断出原文应作"废女"。杨伯峻就提出："《楚世家》及《年表》俱作'杀'，则司马迁

所据本本作'杀'，未必为误字。"① 王叔岷亦认为："《左传》之'杀女'，《韩非子》《史通》并作'废女'，盖以废说杀，非杀为废之误也。《楚世家》作杀，乃存《左传》之旧，亦非后人依误本《左传》改之也。"② 就推理来说，王氏更无根据，若太子已黜，则亦可被杀，而"能事诸乎"更是潘崇与商臣的主观猜测，与将被杀的客观事实无关。就注文来说，若是"杀"字，亦能与下文相称，而为何杜氏要作注解？从字形上看，王引之认为古文多以"发"为"废"，而"发"与"杀"古字相似。王氏仅言字形相近辄言讹误，缺乏合理论据。又依照训诂之言，竹添光鸿将"杀"认作"弑"之省文，并言弑，放散也。据此则"杀女"即"废汝"也。③ 王叔岷赞同竹添光鸿省文一说，但提出是以"杀"字作"弑"，是以"废"释"杀"，而并不能认为"杀"字为讹字。因此，王氏所言虽多，然并没有切实可靠的依据。"杀"与"废"究竟孰是，还未能确定。但从语境上来看，此语是太子商臣"勿敬"的试探后，江芈怒气之言，有夸张成分。本无事实根据，不然商臣与潘崇密谋之事时如何传出？大致是为商臣弑君所作铺垫的"说体"故事而已，正如王氏所言"读者正不必泥也"。因此，既是"说体"文本，若作"废"，则无法凸显商臣造反之决心，故仍作"杀"字，是与语境相合。如此能与"享江芈而勿敬也"相配，又可引出下文"以宫甲围成王"。

（二）因隶书相近而误

隶书是古文字和金文字的分水岭，它改象形为笔画化，失掉了象形原意。但古人在传抄或将隶书转换为楷体时，往往会因隶书的平直方正的特点，把隶书误写为形似之字。王氏父子在校误字时，依据隶书相似的方法，能够一一校正。

---

① 杨伯峻.春秋左传注 [M].北京：中华书局，1990：514.

② 王叔岷.左传考校 [M].北京：中华书局，2007：78.

③ [日] 竹添光鸿.左氏会笺 第一卷 [M].成都：巴蜀书社，2008：674.

20.《春秋谷梁传》"故士造辟而言"条，王引之校"辟"字为"膝"字

〔文六年《传》："故士造辟而言。"〕范注曰："辟，君也。"引之谨案："造辟"二字，文不成义。"造"训"至"、训"适"。如作"适君"所解，则凡入告者，孰不适君所，无以见其慎密也。且君谓之辟，君所不可谓之辟。今案："辟"当做"膝"，字之误也。"膝"字左旁之"月"与"肙"相似，左旁之"桼"，隶或作"耒"（《新莽候钲》"重五十七斤"，"七"作"耒"。《郑固碑》"造膝倦辞"，"膝"作"膝"），或作"桼"（《韩勅碑》"漆不水解"，"漆"作"桼"），"辟"字右旁之"辛"或作"耒"，或作"亲"（《祝陆碑》"辟司空府北军中候"，"辟"作"䢀"），或作"亲"（《周公礼殿记》"公辟相承"，《高颐碑》"仕辟州郡"，"辟"皆作"䢀"）又相似，故"膝"字讹而为"辟"矣。"造"当读为"蹙"（古字"造"与"蹙"通。《大戴礼·保傅篇》"灵公造然失容"，《韩子·难篇》"景公造然变色"，即蹙然也。《韩子·忠孝篇》，"舜见瞽瞍，其容造焉"，即《孟子·万章篇》"舜见瞽瞍，其容有蹙"也）。蹙者，促也，（见《小雅·小明篇》传。）近也。（《考工记·弓人》注。）蹙膝而言者，君臣蹙膝密语，（《南史·王瞻传》"引满促膝，唯余二人"，陆倕《感知己赋》"车出门其已欢，无论衔栖与促膝"。）不使左右闻之也。《魏志·中山恭王传》"兄弟有不良之行，当造膝谏之"，《高堂隆传》"陛下所与共坐廊庙治天下者，非三司九列，则台阁近臣，皆腹心造膝，宜在无讳"，《晋书·荀勖传》"孔子作《春秋》，左丘明、子夏造膝亲受"，《南史·徐伯珍传》"征士沈㑆，造膝谈论"，陆云《九愍》"愿自献于承间，悲党人之造膝"，梁昭明太子《与殷芸令》"上交不诌，造膝忠规"，"造膝"二字，本于此《传》也。《旧唐书·李吉甫传》"虑造膝之言，或不下闻"，《常衮授王缙侍中制》"累陈造膝之言，弥契沃心之道"，"造膝之言"，本于此《传》之"造膝而言"也。《郎中郑固碑》"犯颜謇愕，造膝倦辞"，《风俗通·过誉篇》"谏有五，讽为上，狷为下，故入则造膝，出则诡辞"。《晋书·羊祜传》"夫入则造膝，出则诡辞，君臣不密之诫，吾惟惧其不及"，《南史·刘穆之传》"造膝诡辞，莫见其际"，"造膝诡辞"本于此《传》之"造膝而言，诡辞而出"也。盖旧本多作"造膝"，（注《谷梁传》者，范宁而外，尚有八家，见《释文·叙录》。）故汉魏

六朝唐人之文多用其义，促膝密语，正与此《传》不漏言之指相合也。范本作"造辟"，盖传写之误。

今案：此条言晋文公生前泄露阳处父之语，导致杨处父被杀。范宁训"辟"为"君"，则"造辟"为"至君主处所"之义。王引之认为，若"辟"释为"君"，则"君主处所"不当释为"辟"。即使"造辟"当释为"至君主处所"，则无法看出二人做事缜密，与文义不符。从隶书字形来看，"膝"字左旁之"月"与"启"相似，左旁之"桼"隶书作"𣏂"或"𣐥"，与"辟"字右旁之"辛"的隶书"𡧛"或"𡧢"相似，故"膝"字讹而为"辟"矣，造读为"蹙"，二字连读为"蹙膝"之义。认为"辟"字当为误字。引《魏志》《晋书》《南史》等书中"造膝诡辞"条，以证范本作"造辟"，盖撰写之误。若按范注，则至君主处应为泄密的关键原因，而《公羊传》不载，可见此解不通。而"造膝"一礼，自古有之。《风俗通义·过誉》有"故入则造膝，出则诡辞"，有臣见君之礼，此义通也。

（三）因草书相近而误

草书是为了书写便利，而在隶书的基础上发展而来的。因其结构简省，笔画连绵，在书写及辨认时会误以为他字。与因隶书相似不同，草书多因结构简省或笔画相连而难以被辨别。王引之在校勘时能够联系到草书的书写，来还原本字。

21.《春秋左传上》"鞶厉靷鞅靽"条，王引之校"靷"字为"靳"字

〔僖二十八年《传》〕"鞶厉靷鞅靽。"杜注曰："在胸曰靷。"释文："靷，以刃反。《说文》云：'引轴也。'"正义曰："此注与《说文》不同，盖以时验为解也。"家大人曰："靷"当为"靳"。《说文》"靳，当膺也"，与杜氏"在胸"之训正合，《墨子·鲁问篇》"鼓鞭于马靳"是也。"靳"、"靷"草书相似，易以讹溷，故"靳"误作"靷"。《诗·小戎》传"游环，靳环也"，释文："靳，本又作靷。"沈重曰："旧本皆作靳。靳者，游在骖马背上，以骖马外辔贯之以止骖之出。《左传》云：'如骖之有靳，无取于靷也。'"是亦"靳"误为

"靳"者。

今案：此处王引之引用家大人之语，认为"靳"字应当为"靳"字。因王引之考查杜预注、《经典释文》与《说文》之义不同，则"靳"应当做"靳"，是因草书相似而导致笔画相连。且若作"靳"，则为"膺"之义，与杜注"在胸"相符。王引之其后又引《墨子》《诗经》及《左传》他篇以证。笔者认为，王说是也。就字形来说，二字草书相近；就文义来说，与杜注"在胸曰靳"相合。

（四）因部件相似而误

在具体条目分析中，会出现二字不相似而误的情况，在此情况下，王引之将某两字的部件相比较，以证明此有因部件相似而致误之例，并在《通说下》中将其归纳在"形讹"内。

22.《春秋谷梁传》"是以知其上为事也"条，王引之校"知"字为"叛"字

〔成九年《经》〕"九年，楚公子婴齐师师伐莒，庚申，莒溃。"《传》曰："大夫溃莒而之楚，是以知其上为事也，恶之，故谨而日之也。"引之谨案："知"字义不可通，"知"当为"叛"。范《注》曰"臣以叛君为事"，依经为说也。《疏》曰："今此莒帅众民，叛君从楚，故变文书日以见恶。"又僖四年《疏》曰："莒溃书日，恶大夫之叛，故谨而日之。"则此《传》作"叛其上"甚明，《唐石经》始误为"知"（左旁"矢"字尚存其半，右旁"口"字全）。

今案：王引之认为，传文言"大夫溃莒而之楚"之原因为"知其上为事"，若训"知"为了解，则义不可通。而范注言"臣以叛君为事"，可知原文无"知"义，此处依据传文当作"叛"。《通说》言"'叛'与'知'左侧相似而误为'知'"，猜测盖是"叛"字与"知"字因左侧部件相似而误。莒国大夫逃往楚国，又怎会"知其上"。《说文解字》中知作"𥎿"，叛作"𡎸"，二字明显左侧相近。大致因为后世流传中，将"叛"改为"知"，而注文中依然

留有"叛"之义。钟文烝《春秋谷梁经传补注》与《谷梁春秋经传古义疏》中亦改"知"为"叛",可证王氏之说。

（五）因生僻少见而误

经典之中的某些字,因生僻少见而不见于书。故在流传过程中难免会有误认的情况,有学识不精的学者或刻书匠人就会以讹传讹,将误字流传后世。王引之考据《春秋》三传中亦有"因生僻少见而误"。

23.《春秋公羊传》"会犹最也"条,王念孙校"最"字为"冣"字

隐元年《公羊传》:"会犹最也。"何注曰:"最,聚也,直自若平时聚会,无他深浅意也。最之为言聚,若今聚民为投最。"《释文》"最"字无音。家大人曰:正文及注"最"字皆当作"冣"(才句切)。"冣"与"聚"声义皆同,故曰"冣之为言聚"也。《说文》"冣,积也,从冂(莫狄切)取,取亦声",徐锴曰:"古以聚物之聚为冣。"世人多见最,少见冣,故书传"冣"字皆讹作"最"。《乐记》"会以聚众",郑注曰:"聚,或为冣。"(《释文》不为作音,盖所见本已讹作"最",不复知其为"冣"字矣。)《管子·禁藏篇》:"冬收五藏,冣万物。"(尹注:"冣,聚也。")《地数篇》:"民举所冣粟以避重泉之戍。"(尹注"冣,聚也,又音子外反",则当时已误为"最"。)《庄子·德充符篇》"物何为冣之哉",司马彪注曰:"取,聚也。"(《释文》引徐邈音采会反,则徐本已讹作"最"。)《荀子·强国篇》"执拘则冣",《韩诗外传》作"执拘则聚"。《赵策》"颜冣",《史记·廉颇蔺相如传》作"颜聚"。《史记·殷本纪》"大冣乐戏于沙丘",徐广曰:"冣,一作聚。"《周纪》"则固有周聚以收齐",徐广曰:"聚,一作冣。"《鹏鸟赋》"忧喜聚门兮",李善曰:"或作取,亦聚也。"《小尔雅》:"冣,聚,丛也。"今本"冣"皆讹作"最"。(《玉篇·冂部》不收"冣"字,而以"聚也"之训误入《曰部》"最"字下。《说文系传》"最"字下浅人增"又曰聚"三字。《韵会》所引无之,大徐本亦无,段氏《说文注》已辨之。)此传《释文》不为"冣"字作音,则唐初已误为"最",不始于开成

石经矣。

今案：此文应作"会，犹最也"，是对于传文本身的训释。然而若为"最"，则何《注》所释"最，聚也"不当为此义。故王引之引家大人之语，认为"最"字应当作"冣"，盖"冣"字较为少见，故后世之人传抄时误写为"最"。

二、上下相因而误

王引之在《通说下》"上下相因而误"条中引用王念孙"经典之字，多有因上下文而误写偏旁者"之语来分析传文误写，并列举"定五年《左传》'杨虎将以与璠敛'，'与'字因'璠'字而误加'玉'"。可见在致误原因上王引之着重关注在偏旁致误，与前文"因部件相似而误"不同，"上下相因"不仅仅指偏旁相误，更多的是因上下文所导致的文字相误。王氏父子即将这种方法运用到校勘文字当中。

24.《春秋谷梁传》"何以为道"，王引之校"道"字为"信"字

〔僖二十二年《传》〕"人之所以为人者，言也，人而不能言，何以为人？言之所以为言者，信也，言而不信，何以为言？信之所以为信者，道也，信而不道，何以为道。"引之谨案：末二句谓信不合于道，则不成为信也，不当云"何以为道"。"何以为道"当作"何以为信"。上云"信之所以为信者，道也"，故下云"信而不道，何以为信"，与"人而不能信，何以为人""言而不信，何以为言"文义正同，写者误"信"为"道"耳。《唐石经》已然，钞本《北堂书钞·艺文部五》引此正作"何以为信"（陈禹谟本又改"信"为"道"）。

今案："信而不道，何以为道"称信不合于，则何以为道，此意不通。前文所述"言而不信，何以为言"，则首字"言"与末字"言"相对。故涉下文"道"而误，应述前文之"信"，故原文应是"何以为信"。

后人在传抄经典的过程中，往往会因为注意力不集中而将上下文的内容误

加到正文中，但是因为上下文联系有一定的关联性，故难以发现。王氏父子通过上下文文义分析，对重合之字进行考证，则不难找出衍文。随后依据他篇内容予以证实，使论证更加严谨。

三、不明文义而误

由于不明文义而被更改，也是古书中导致讹误的普遍原因。古人在传抄经文过程中，因望文生义，往往会有自己的想法，因此导致文义上的讹误。文义讹误的范围包括字形和上下文致误等原因，不限一端。

25.《春秋谷梁传》"或说曰故贬之也"，王引之校"说"字为衍文

〔隐〕"八年，无骇卒。"《传》曰："无骇之名，未有闻焉。或曰：隐不爵大夫也。或说曰：故贬之也。"引之谨案：上云"或曰"，则下亦当然，不得又称"或说曰"也。"说"盖衍文。《疏》举"或曰"至"贬之也"释曰"就二说之中，后或曰是也"，则"或"下无"说"字明矣。"二年，纪子伯莒子盟于密"，《传》"或曰：纪子伯莒子而与之盟。或曰：年同爵同，故纪子以伯先也"；"成二年六月癸酉，季孙行父、臧孙许、叔孙侨如、公孙婴齐帅师，会晋郤克、卫孙良夫、曹公子手及齐侯战于鞌"，《传》"其日，或曰：日其战也。或曰：日其悉也"，亦上下皆言"或曰"，是其例也。《唐石经》始衍"说"字。"故"亦衍文，盖涉四年《传》"与于弑公故贬之也"而衍。（《唐石经》有"之"字，宋本以下皆脱。）故者，承上之辞，未有不言所以贬之故而但言故贬之者也。《唐石经》始衍"故"字。《疏》"或曰至贬之也"当作"或曰贬之也"。盖杨氏所据本无"故"字，故举"或曰贬之也"而释之，传写者因上疏标题"二伯至任也"，下疏标题"周礼至未详"，而衍"至"字耳。自宋本已然。

今案：除"故"字因涉上下文而衍外，王引之经过考证，发现"说"字亦衍。在传文中，前文既有"或曰"，而下文却有"或说曰"，经过两相比较，则下文不可多一"说"字，故王引之通过辨析文义，进而能够找到衍字。

此外，又有不明句读而导致的误文义。

26.《春秋左传上》"鸟兽之肉不登于俎"，王引之校"鸟兽之肉"一本作"其肉"

隐五年《左传》"鸟兽之肉不登于俎，皮革、齿牙、骨角、毛羽不登于器，则公不射"，释文："鸟兽之肉，一本作其肉。"引之谨案：一本是也。此以"鸟兽"二字绝句，"其"字下属为义。言鸟兽固畋猎时所射，若其肉不登于俎，皮革、齿牙、骨角、毛羽不登于器，则公不射此鸟兽也，文义甚明。

王引之引《经典释文》异文，证"鸟兽之肉"作"鸟兽其肉"，又言"鸟兽"之下当断句，"其"字下属为义。则"其肉"与"皮革、齿牙、骨角、毛羽"并列表假设，后句"公不射"为结果，皆是合乎古制及国君行为规范的体现。然此校勘成果对后世影响较小，王氏之说尚未见后世学人引用，如善引王说的竹添光鸿《左氏会笺》与杨伯峻《春秋左传注》释此处传文时均未提异文之辞。若依王氏所言，则可议之处首先在于"其"字与"之"字可否通用。就此句文义与语法而言，原文"之"字应训为"其"字，二者皆有指代之意，文义互通。同为高邮王氏四种之一，《经传释词》就对"其"与"之"的用法作出了定义，认为二者皆为"指事之词"，又引《尚书·康诰》等六例，得证："'其'与'之'同义，故'其'可训为'之'，'之'亦可训为'其'。"① 故为何王氏知晓"其"与"之"同义，却在本条目中强加校勘？正如王叔岷所言："'之'字不必作'其'，'之'字亦下属为义，'之'犹'其'也。王氏《经传释词》九例证甚多，惜忽于此耳。"② 且"之"字训为"其"字，在其他虚词专

---

① 《经传释同》文言："其，犹'之'也。《书·盘庚》曰：'不其或稽，自怒曷瘳？'《康诰》曰：'朕其弟，小子封。'《诗·鱼丽》曰：'物其多矣，维其嘉矣。'《大戴礼·保傅》曰：'凡是其属，太师之任也。'桓六年《左传》曰：'诸侯之大夫戍齐，齐人馈之饩，使鲁为其班。'成十五年《公羊传》曰：'为人后者为之子。'又曰：'为人后者为其子。'《贾子·大政篇》曰：'故欲以刑罚慈民，辟其犹以鞭狎狗也，虽久弗亲矣。欲以简泄得士，辟其犹以弧怵鸟也，虽久弗得矣。'"

② 王叔岷.左传考校[M].北京：中华书局2007：6.

书当中亦有同类说法。如裴学海《古书虚字集释》中载有："'之'，'其'也，见《吕氏春秋·音初篇》注。"① 说明先秦时期就有"之"字作"其"义之解。裴氏认为"鸟兽之肉"中"之"字作"其"字乃后人据文义而改，并举多例证明《左传》中多以"之"字为"其"，而作"之"字者为古本②。杨树达《词诠》中亦举多例证明"之"字用与"其"字同，是探下文而指。③ 正如《尚书·西伯戡黎》中"殷之即丧"可释为"殷其即丧"④。故由上可知，王氏作"其"字无据。原文作"之肉"，亦训为"其肉"，与王说无异，无须改字。

至于王氏所言"鸟兽"之下当断句，亦有问题。王力先生在其《古代汉语》中说："在上古汉语里，'其'字不能用作主语。在许多地方'其'字很像主语，其实不是的；这是因为'其'字所代替的不是简单的一个名词，而是名词加'之'字。"⑤ 可知在本文中，"其"字相当于"鸟兽的"的用法，作宾语。若王氏作"鸟兽，其肉不登于俎"，则"其"字之义与上文"鸟兽"二字相重，又导致下文"皮革""齿牙"诸类缺少定语，破坏了上下文的平衡结构。李学勤即将此句点校为"鸟兽之肉不登于俎，皮革、齿牙、骨角、毛羽不登于器"⑥。此句法亦同《战国策·赵策》中言"汤武之卒不过三千人，车不过三百乘"。

最后，从旁证来说，王氏仅凭《经典释文》中所提异文为根据，缺乏可信度。一方面，王引之在校勘异文时，往往会采用唐代开成石经范本或《艺文类

① 裴学海.古书虚字集释 [M].上海：上海书店出版社，1996：721.
② 裴氏言："释文'之'一作'其'，《经义述闻》谓作'其'者是，其说未允，此当以作'之'者为古本，作'其'者乃后人据文义而改。《左传》中多以'之'为'其'。如'枕之股而哭之'（枕之即枕其），'夺之杖以敲之'（夺之即夺其），'斩之蓬蒿藜藋而共处之'（斩之即斩其），'郑人醢之三人也''其国以祸，之祝史与焉'之属皆是，故知作'之'者为古本。"
③ 杨氏举《尚书·尧典》"虞舜侧微，尧闻之聪明，将使嗣位，历试诸难。"等4例，证"之"字用与"其"字同，用于主位。又举《论语·学而》"子曰：'学而时习之，不亦说乎？'等20例，证"之"字用与领位，亦与"其"字同。（杨树达.杨树达文集之三 词诠 [M].上海：上海古籍出版社，1986：161）
④ 周秉钧.尚书易解 [M].长沙：岳麓书社，1984：117.
⑤ 王力.古代汉语 第一册 [M].北京：中华书局，1999：355-356.
⑥ 李学勤主编.十三经注疏 [M].北京：北京大学出版社，1999：1672.

聚》《太平御览》《册府元龟》等类书的引文作为旁证，而"鸟兽其肉"一语不见于以上诸材料中，可证后世传本并不以"鸟兽其肉"为确本；另一方面，多数《左传》注本并未引此异文，或因《经典释文》而仅言"一本作其肉"，亦无旁证。故在无直接证据表明"鸟兽之肉"原作"鸟兽其肉"的情况下，"之"字无需改为"其"字。

四、经文残缺而误

除因形近而误、因上下文而误和因文义而误外，王引之在正文条目中还探讨了"因残缺而误"的例子。在唐代因官方为了经文的传抄方便而刻《开成石经》，即《唐石经》，但因其暴露在外，难免有所残缺，而后世刊刻经文时亦会有所误。虽然在《通说下》中这样的情况并没有详加汇总，盖是因其为个例，故无详论之必要。在此，笔者经过分析与整理，发现但极具典型性，故一并讨论，以证王氏父子校书之严格。

27.《春秋左传下》"先王"条，王念孙校"先王"为"先公"

〔哀〕十三年《传》："鲁将以十月上辛，有事于上帝先王。"陈氏芳林《考正》曰："案《正义》曰'周之十月，非祭上帝先公之时'，则'先王'似当作'先公'，惜石经残阙，《家语》载此事亦作'先王'。(《辨物篇》)"家大人曰：作"先公"者是也。今本作"先王"者，后人依《家语》改之耳。《桓五年》正义引此正作"先公"。

今案：王念孙在此条目中，认为"先王"应当作"先公"。此说对于《左传》的校勘影响很大，后世学者也多采纳王说。王说之所以颇得后人信服，来源于诸多依据。首先，陈树华《春秋经传集解考正》首提"'先王'似当作'先公'"，又言唐石经残缺，故唐以前《左传》原文已不可考，令人不能无疑。其次，王念孙认为今本作"先王"，是后人依据王肃《孔子家语》而改。故王氏认为原文讹作"上帝先王"，当源于《孔子家语》。再次，桓五年《左传》

正义言："有事于上帝先公。"此处为孔颖达引《哀公十三年》之文，言"先公"而不言"先王"，可作本校之用。阮元《十三经注疏校勘记》与孙诒让《十三经注疏校记》均言"王"是疑字，"先王"似当作"先公"。但是在征引方面，王氏尚有疏漏。首先，陈氏言唐石经残缺，但无明证可得此处"先王"必须改为"先公"。且据王叔岷考证，开成石经仍作"有事于上帝先王"①。就"先王"与"先公"之别，襄公十一年《左传》杜注言："先王，诸侯之大祖，宋祖帝乙，郑祖厉王之比也。先公，始封君。"而鲁公之先公为周公旦之子伯禽，与周之先王有本质区别，不可简单混为一谈。其次，哀十三年《左传》正义言："景伯称十月，当谓周之十月。周之十月，非祭上帝先公之时，且祭礼终朝而毕，无上辛尽于季辛之事。景伯以吴信鬼，皆虚言以恐吴耳。"则孔氏之意有三：其一，景伯所言十月，是指周历十月，《礼记·杂记下》言："孟献子曰：'正月日至，可以有事于上帝；七月日至，可以有事于祖。'"可见周之十月并非祭祀上帝先公之时。其二，祭礼终朝而毕，即"自旦及食时"，并非如景伯所言始于上辛日而终于季辛日，持续近一个月的时间；其三，无论从祭祀之时、持续时间来说，此说辞盖景伯恐吓吴人之语，并非真实存在。故孔颖达认为，"有事于上帝先王"是景伯虚构之事。杨伯峻亦认同此观点："鲁固无祭先王之礼，然景伯纯作谎言，云祭'先王'，则吴之祖亦受祭，可以恐吴。孔疏俱作'先公'，盖以当时典礼绳之。知其为虚言，而又校以当时典礼，是知二五而不知一十也。"②故若祭祀"先公"，则对吴国无警示作用，若祭祀"先王"，则亦包括吴国之祖，在情理上可成立。再次，《桓公五年》正义引语为"上帝先公"，又言："彼虽恐吴之辞。"孔氏既已认定此语虽为恐吓吴人之用，然未必为虚言。又桓公五年之言，盖孔氏自行更改，且撰写时间在《左传》成文之后，若为抄写之误或故意更改也未可知。故在此处，应依原文，仍作"先王"。

---

① 中华书局编辑部. 景刊唐开成石经 [M]. 北京：中华书局，1997：2156.

② 杨伯峻. 春秋左传注 [M]. 北京：中华书局，1990：1678.

五、后人改注疏释文

王引之在《通说下》"后人改注疏释文"条中提出："经典讹误之文，有注疏释文已误者，亦有注疏释文未误，而后人据已误之正文改之者。学者但见已改之本，以为注疏释文所据之经已与今本同，而不知其未尝同也。"可见此处的讹误是因经文有误，导致后人更改注疏释文来使其与经文相合。需要注意的是，"后人改注疏释文"与"强经以就注"不同，此为"改注以就误经"。

28.《春秋左传上》"具圃"条，王引之校原本应为"具圃"

〔僖〕三十三年《传》："郑之有原圃，犹秦之有具圃也。"《七经孟子考文》曰："宋板'圃'作'囿'。"卢氏抱经《钟山札记》曰："案《初学记·河南道》所引是'具圃'，《水经·溳水》下所引是'具圃'，新校本乃改作'具囿'。今以杜注考之，云'原圃、具圃，皆圃名'，若是具囿，杜必不如是下注。即注，亦止云'原圃，亦圃名'可矣。以此知作'具圃'为是。"《校勘记》曰："《考文》所谓宋板即此本也（谓宋庆元本）。此本初刊似作'囿'，后改从'圃'。案：《唐石经》、宋本、淳熙本、岳本及诸刻本皆作'囿'。"家大人曰：作"具圃"者是也，作"具囿"者，涉注文"囿名"而误耳。注本云"原圃、具圃，皆囿名"，《正义》释注本云："原圃，地名，以其地为囿，知与具囿皆囿名也。"（下文"囿者所以养禽兽"云云，是释注中"囿"字，非释经文。）今本正义既误作"具囿"，后人遂并注、疏之"具圃"改之矣。据《校勘记》云"此本初刊似作'囿'，后改从'圃'"，则初本作"圃"，后与《考文》所引宋板合，后又依《唐石经》及诸本改"圃"为"囿"耳。……

今案：在"犹秦之有具囿也"一句中，山井鼎《七经孟子考文》认为"具囿"应作"具圃"；而卢文弨《锺山札记》则认为本应当是"具圃"；阮元《校勘记》认为本为"具囿"，后改为"具圃"。王引之引家大人之语，认为原作"具圃"，《唐石经》下"圃"字误作"囿"，"具囿"是涉注文而误。而后人亦因正文误"具圉",而将注文及正义中的"具圉"改为"具圉"。王引之认为此类皆是"改不误之注疏释文以从已误之经文"。

六、增字解经

王引之在《通说下》中提到"增字解经":"经典之文,自有本训。得其本训,则文义适相符合。不烦言而已解。失其本训而强为之说,则阢陧不安,乃于文句之间,增字以足之,多方迁就而后得申其说。此强经以就我,而究非经之本义也。"王引之认为,在"增字解经"时,虽然没有改动正文,但是常常在注疏中妄加文字以迁就其曲解,并非原文本义。因此,欲求得正解,必须用校勘的方式删去注中所增之字,此字并非衍文,但是亦属于王念孙所提出的"凭意妄改之误"。

29. 如《春秋左传上》"恶之易也"条,王念孙校"易"字为"延"义

〔隐六年传〕《商书》曰:'恶之易也,如火之燎于原,不可乡迩,其犹可扑灭。'"杜解"恶之易"曰:"言恶易长。"家大人曰:杜读"易"为"难易"之"易",而以"长"字增成其义,殆失之迂矣。案:易者,延也。谓恶之蔓延也。《大雅·皇矣篇》"施于孙子",郑笺曰:"施,犹易也,延也。"《尔雅》"弛,易也",郭注曰:"相延易。"《盘庚》曰"无俾易种于兹新邑",谓延种于新邑也。《秦策》曰"没利于前而易患于后",谓延患于后也。《鲁语》曰"譬之如疾,余恐易焉"(韦注:"疾,疫厉也"),谓祸之相延亦如疫疠之相延也。上文曰:"长恶不悛,从自及也。虽欲救之,其将能乎?"恶之延易祸及于身而不可救,正如火之燎原而不可扑灭,故引《商书》以明之。恶之延易亦如草之滋蔓而不可除,故又引周任之言曰"为国家者,见恶如农夫之务去草焉。芟夷蕴崇之,绝其本根,勿使能殖",亦是除恶务尽,毋使滋蔓之意也。《东观汉记》载杜林《疏》曰"见恶如农夫之务去草焉,芟夷蕴崇之,绝其本根,勿使能殖,畏其易也",正取延易之义。

今案：杜注释"易"为"难易"之"易"，则为释文恶的易容易生长,,如火在草原上燃烧。此处杜预强曲"易"之义，并增"易"字为"易长"，在此语境下与义不合，逻辑不通。王引之考证"易"应为"延"，乃是"延易""蔓延"之义，其义可通。则可以看出杜注乃增字解经，不可信。

第三节 校勘价值

高邮王氏在校经方面的贡献突出。胡朴安《古书校读法序》中就提到:"有清一代始开治古书之径途,由声音而得训诂,由训诂而辨名物,由名物而明义理……尤以高邮王氏父子为博大而精审……其《读书杂志》《经义述闻》二书,所包蕴极为丰富,每考订一事,辄能综合同类之证据,以归于义之所安。"[①]可见王氏父子"治古书"的成就在当时达到了高超的地步,又以《经义述闻》为代表。本节从"校勘理论贡献"和"多种校勘方法"两方面来介绍《经义述闻》中的校勘价值。

一、校勘理论贡献突出

(一)《通说》中的校勘理论探索

王念孙在《读书杂志》中就总结历代学者"不能正其传写之误,又取不误之文而妄改之",将致误之由分成了无意的"传写之误"和有意的"妄改之"。王引之继承王念孙的校勘学理论,在《经义述闻》中着有《通说》两卷,是其解经校经的总结。下卷从小学和校勘的角度对解经理论和规律进行了探讨,共计十二条。其中的前六条以小学解经,后六条则是对经典典籍中的字句致误之由进行总结,分别是"衍文""形讹""上下相因而误""上文因下而省""增字解经""后人改注疏释文"。以上六例校勘理论探索虽没有形成完整的理论体系,但可视为是王引之对校勘理论的探索。"衍文""形讹""上下相因而误""上下因文而省"可以看作是对"衍文""误字"和"脱文"的总结,其中"形讹"和"上下相因而误"都是对"误字"的致误原因分析。又有"增字解

---

① 胡朴安 . 古书校读法 [M]. 南京:江苏古籍出版社,1985:2.

经"和"后人改注疏释文"是辨析传文与注文异同，实际上亦是对致误原因的分析。

王引之的校勘理论源自王念孙《读淮南杂志序》中的六十四条，王念孙从"形讹""衍文""脱文""倒文""错简""失韵"等方面，归纳总结了讹误的多种类型，非常详尽，因此王引之的《通说》实际上也是对其父校勘理论的一种补充。相对王念孙的校勘理论，中的总结归纳更加简明扼要，如王念孙所举"形讹"有"有因字不习见而误者""有因假借之字而误者""有因古字而误者"等九条，在《通说》中合为"形讹"一条，并分类列举了"字形相似而误""古文相似而误""草书相似而误"等等方面。这样做的好处是更有条理性，将王念孙所总结的两层理论体系变为三层，更有概括性和理论性，而以上的校勘理论也是本章分析致误原因的重要依据。虽然《通说》中的归纳相较现代训诂学理论还不够全面，但却是王氏父子在校勘学方面的理论探索，促进了乾嘉时期的古典校勘学理论体系的形成。

（二）"三勇改"与"三不改"原则

王引之擅长"用小学校经"，从语言入手，运用文字、音韵、训诂，发现典籍讹误。并在校勘中形成了自己独特的校勘原则。龚自珍在《工部尚书高邮王文简公墓表铭》中引用王引之生前之语，总结出了"三勇改"和"三不改"原则。言道：

> 又闻之公曰："吾用小学校经，有所改，有所不改。周以降，书体六七变，写官主之。写官误，吾则勇改。蓥蜀以降，槧工主之。槧工误，吾则勇改。唐宋明之士，或不知声音文字而改经，以不误为误，是妄改也；吾则勇改其所改。若夫周之没，汉之初，经师无竹帛，异字博矣！吾不能择一以定，吾不改。假借之法，由来旧矣，其本字十八可求，十二不可求；必求本字以改假借字，则考文之圣之任也，吾不改。写官槧工误矣，吾疑之，且思而得之矣；但

群书无佐证，吾惧来者之滋口也，吾又不改。"①

此原则判定了《经义述闻》中校误字的标准，也就是哪些字该改，哪些字不该改，这是校勘前最重要的一个问题。王引之认为"书体演变""椠工误刻"及"妄改经文"是必须要改的内容，而"异体字""假借字"及"无据之椠刻"是避免要改动的。以上原则在《经义述闻》校误字的过程中均有体现，尤其是字体致误和误刻妄改两方面，占据了《经义述闻》修改《春秋》三传的大部分条目。实际上"三勇改"与"三不改"并不矛盾，需要"勇改"和"不改"的情况也不仅限于此，而是告诫校勘之人在确定误字之前要调查实证，确定证据，在遇到确有讹误的情况下要果断地勇改。因此王引之的"三勇改"与"三不改"理论，成为后世学者从事校勘的一条宝贵经验，为校勘学树立了范例。

二、多种校勘方法结合

段王之学起于戴震，而段派校勘之法又源于郑玄，讲求"无征不信""孤证不立"，具体则体现在多种校勘方法的综合运用。陈垣在《校勘学释例》总结出四种校勘方法，即对校、他校、本校、理校四法。这四种方法实际上是现代校勘学根据不同的校勘材料所采取的不同方法。本部分即从此四方面就《经义述闻》中对《春秋》三传的校勘情况，予以详细论述。

（一）理校法

理校法就是"推理校勘"，是指校勘者没有直接或间接的文字材料依据，并且对校法、本校法、他校法无法处理的情况下，不依靠不同版本中的异文，而是运用自己所学的知识和严密的论证进行分析推理的一种校勘方法。陈垣在《校勘学释例》中就解释道：

段玉裁曰："校书之难，非照本改字不讹不漏之难，定其是非之难。"所谓

---

① 龚自珍．工部尚书高邮王文简公墓表铭 [A]．龚自珍全集 [M]．上海：上海人民出版社，1975：147-148.

理校法也。遇无古本可据，或数本互异，而无所适从之时，则须用此法。此法须通识为之，否则卤莽灭裂，以不误为误，而纠纷愈甚矣。故最高妙者此法，最危险者亦此法。经学中之王、段，亦庶几焉。[①]

王氏父子最擅长以理校法对误字进行分析和校勘，主要表现为"以小学知识理校"。在前文中，王引之考查因字形相似而误就是运用此类方法。如在"问于介众"一条中，在无其他语言材料的基础上，王引之根据文意校"介"字为"亓"字，当是二字字形相近而误而倒推"亓"字本是"其"字之古字。

较乾嘉学派的其他校勘学家，王引之在校勘时以文字、音韵、训诂为主要方面，注意形音义互求，并以音为关键。如在"迋求枉反"条中，王引之训"迋"本义为"往来"之"往"，又假借作"恇"。故"迋"即"恐惧"之义，与"诳欺"之义不同，故音不同，反切也不同。若正解作"恇"，应为"丘往反"之音。因此王引之运用自己严密的音韵及训诂知识，校"求"字为"丘"字。

除此之外，王引之还运用事理、史实、地理等文化知识来进行理校，体现了其广博深厚的学识。运用名物、典章等词义训诂来理校，也充分地体现了王氏父子以小学校经的思想。

（二）对校法

对校法就是"以同书之祖本或别本对读"，从本书的不同版本之间寻找证据。王引之在对《春秋》三传进行校勘时，经常会引用《唐石经》进行佐证。段玉裁在《与诸同志书论校书之难》一文中，也提到"校书之难，非照本改字不讹不漏之难也，定其是非之难。是非有二：曰底本之是非，曰立说之是非。必先定其底本之是非，而后可断其立说之是非。"[②]也就是说，若要问校书

---

① 陈垣. 校勘学释例 [M]. 上海：上海书店出版社，1997：118-122.

② 段玉裁. 与诸同志书论校书之难 [A]. 经韵楼集 [M]. 上海：上海古籍出版社，2008：332-333.

之难，则绕不开"正底本"。然而《经义述闻》中对于版本的讨论相当少，这并非是王引之不重视对校方法。

实际上，《春秋》三传在王氏父子校前，已有众多校本，并且已有前人做过众多注校。"乾隆、嘉庆两朝古书版本特点：浓厚的学术研究之风，造就了一批学者和藏书家，翻刻宋本和精校精刊古书蔚然成风。"①这样使得版本更趋于优选，关于版本对校的内容自然少了，王引之选择传世版本进行比较，自然是最优版本。《经义述闻》在运用对校法时最突出的便是以唐石经为参考，高度重视不同版本在判别讹误时间的作用，将讹误时间划分"唐前已误""唐时已误""唐后已误"，是讨致误原因的重要依据。

（三）本校法

本校法是"以本书前后互证，而抉摘其异同"，也就是以本书为基础，来矫正本书当中的错误。一本书当中，前后文内容在文义上相互对应，内容相近或相互顺承，形成了极有可信度的可供相互比较或相互考证额文字材料。在《经义述闻》中，王引之采取上下文、不同篇章、正文与注文相互对校等方法，细心体察，归纳周详。如在《左传》中，王引之发现昭公三十二年"晋魏舒合诸侯之大夫于狄泉将以城成周"的记载与定公元年"孟懿子会城成周"一事重复，运用本校的方法判定必有衍段落的情况，认为后者为衍文。

虽然在《经义述闻》中，使用本校法的情况较少，但在没有他本可参考的情况下，王氏父子已然可以运用本校法发现致误之处，并运用综合方法进行校勘，得以对一书之内相互冲突的内容进行总结。

（四）他校法

他校法是"以他书校本书"，就是依据他书中关于本书的资料来矫正本书中的错误。《经义述闻》通过比较、鉴别和考证，从其他史书或类书中查找异文。并能以他校之法进行比较，确定他们的校勘价值。王引之他校法最大的价

---

① 翁长松.清代版本叙录[M].上海：上海远东出版社，2015：4.

值就在于能够旁征博引、文献互证，得以发前人之未发。如在《谷梁传》"三鼓三兵"条中，王引之依据《北堂书钞》《太平御览》《开元占经》等类书，发现此处为倒文，应是"三兵三鼓"。从来源来说，王氏他校法所引用的材料主要分为金石碑刻、古书注解、类书及其他学者的观点。对于材料的甄别，王引之只选用直接引用原文又完整无误的文字材料作为他校法的依据，又引用他人研究成果来证明或反证，体现了利用多重证据的优势。

总的来看，《经义述闻》中所使用的的校勘方法不是孤立的，而是综合地利用。如上条"三兵三鼓"，王念孙在运用他校法判定倒文后，又使用本校法，从本书的不同版本之间寻找证据，利用唐石经判定此处经文自唐代始误。

除以上校勘价值外，《经义述闻》中对《春秋》三传的校勘还体现出系统性。虽然部分校勘条目相对独立，但一旦发现同类的讹误时，王氏父子会将其汇总并同举，以此涉彼，举一反三，体现出其校勘理论内在的系统性。

第三章

高邮二王对《春秋》经传的训释

  清代乾嘉时期，中国传统语言文字学达到了鼎盛阶段。活跃在此时期的乾嘉学者重视明末清初顾炎武所提出的重视实证的治学方法，从文字、音韵、训诂入手，研究考据之学。乾嘉学者尊崇汉学，重视古人旧训，但又不墨守成规，迷信盲从。王氏父子作为乾嘉时期训诂学的代表人物，继承了朴学皖派治学严谨、勇于创新的特点，"就古音以求古义"训诂方法的提出，在训诂学史中具有里程碑式的意义。

  王氏父子以训诂解经，得《春秋》经传之义，并以治名物训诂著称。除前文已讨论的对《春秋》经传所作全面细致的校勘工作外，王氏父子还对汉唐旧注、名物典章、礼法谶纬以及名字解诂等方面进行了匡谬正误，又运用科学的方法来训释词义，建立了比较完整的训诂学体系，具有相当大的训诂学价值。本章即从训释内容、训释方法和训释价值三方面探讨王氏父子对《春秋》经传的训释情况。

第一节　训释内容

乾嘉时期皖派学者戴震曾提出，"经之至者，道也。所以明道者其词也"①。训释词义对解读经文有着非常重要的作用。王氏父子在《经义述闻》中，对《春秋》三传中词义的训释主要分为四方面：对前人注疏的辨正、对名物典章的考据、对礼法谶纬的阐发和对名字解诂的求证。其中，对前人注疏的辨正主要集中在三传注上，名物典章的考据主要针对器物、官职、地理等方面，礼法谶纬的阐发主要关注礼乐、避讳和灾异之说，名字解诂的求证主要体现在《春秋名字解诂》中。因此，本节即以上四部分为主要研究对象，对其中的典型条目进行分析与辨正。

一、对前人注疏的辨正

在汉代及魏晋时期，随着语言的发展，《春秋》三传中的部分词义已相对晦涩难懂，所以众多学者开始专门为三传进行注解。其中《左传》的注解有服虔《春秋左氏解谊》、贾逵《春秋左氏传解诂》、杜预《春秋经传集解》，《公羊传》的注解有何休《春秋公羊解诂》，《谷梁传》则有范宁《春秋谷梁传集解》作注解，三者彼此间不相联属。其中杜预、何休与范宁的注解并称于世，统称为"《春秋》三传注"。到了唐代，《春秋》学的发展开辟了新的阶段，又有孔颖达《春秋左传正义》、徐彦《春秋公羊传注疏》、杨士勋《春秋谷梁传注疏》及陆德明《经典释文》，以上皆以三传注为本，使得《春秋》三传之注解定于一尊。

---

① 戴震. 与是仲明论学书 [A]. 戴震全集 第五册 [M]. 北京：清华大学出版社，1997：2587.

到了清代，《春秋》学呈现出阶段性的特点，对以三传注为主的前人注疏训释的批判和补正是清代学者的一个主要工作。吴派惠栋著有《左传补注》。皖派赵坦著有《春秋异文笺》，李富孙著有《春秋三传异文释》，刘文淇著有《春秋左传旧注疏证》。而这其中，又以《经义述闻》最为典型，堪称新注新疏的典范之作。王氏父子在《经义述闻》中不仅勘正经文，还对其中存疑的词义进行训释。其特点是以古音求古义，运用语言的形音义三要素及字词所处的语言环境、经文的结构安排等方面训释字义，将《春秋》的注疏提高到更高的层次。本部分将以二王驳正杜注、何注、范注等注为例，探讨其对于《春秋》三传前人之注疏的看法。

（一）对于《左传》注疏的驳正

杜预对《左传》的注释，被视为千余年来的《春秋》经传诠释之辞。在乾嘉时期，随着汉学成为当时学术的主流，对杜注的讨论也多了起来。王氏父子对于杜注的驳正占到了对旧注驳正的一半以上，可以见得他们对于杜注的研究是非常下功夫的。

1.《春秋左传上》"宋卫实难 求而无之实难 人牺实难"条，王引之释"难"之义

〔隐〕六年《传》："宋卫实难，郑何能为？"文六年《传》："求而无之实难，过求何害？"昭二十二年《传》："人牺实难，己牺何害？"（《周语》同。）《晋语》："夫戮出于身实难，自他及之何害？"引之谨案：实，是也。（《尔雅》："寔，是也。""寔"与"实"通。）难，患也。（韦注《齐语》曰："患，难也。"《广韵》："难，奴案切，患也。"）"宋卫实难"者，言唯宋卫是患也；"求而无之实难"者，言唯求而无之是患也；"人牺实难"者，言唯他人为牺是患也；"夫戮出于身实难"者，言唯戮出于身是患也。昭元年《传》"吾不能是难，楚不为患"，言吾唯不能是患也，文义正与此同。杜注"宋卫实难"云"可畏难也"，尚与忧患之义相近。其注"求而无之实难"云"难卒得"，《传》已云"求而无之"矣，何须更言难卒得乎？

注"人牺实难"云"不宜假人以招祸难",宾起言子猛见宠是吾所患,岂招祸难之谓乎?（韦注《周语》云："人牺谓鸡也。为人作牺实难,言将见杀也。"亦未达宾起语意。）韦注《晋语》"夫戮出于身实难"云"难居也",《晋语》但言难,不言难居,何得增字以解之乎?此皆不知"难"之训患,故臆为之说而卒无一当也。古人多谓患为难,详见"非无贿之难"下。

今案:对于《左传》中的"实难"一词,王引之列举《隐公六年》"宋卫实难"、《文公六年》"求而无之实难"、《昭公二十二年》"人牺实难"以及《晋语》"夫戮出于身实难"以驳正杜预注对于"实难"的训释,又引《昭公元年》"吾不能是难,楚不为患"作佐证,统一将"难"释为"患"。王引之列举《左传》中三处不同的句子,根据具体语境详加分析,是十分值得肯定的。

《隐公六年》"宋卫实难",杜注训释为"可畏难也",释文作"难,乃旦反",可见是"畏惮"之义。《广雅疏证》释"惮"时引《国语》贾注"难,畏惮也",突出"难"字之"忌惮"义,与此同。《经义述闻》将"实"训释为"是","难"训释为"患",故释"实难"一词为"实忧难"之义,反驳杜注,此说为后世学者所接受,如杨树达《词诠》释"实"及"难"时就引用此说。除王说之外,竹添光鸿《左氏会笺》释"难,如字;言与争也。桓公不知庄公材武,徒以国小大言之耳"[1],即将难如字读,释为"困难",强调"与宋卫争雄困难,郑国不能为"。又有杨伯峻在引用王说后,又言"实,是。助词用于句中,标志宾语前置",说明"实"为用于动宾倒装的结构助词,"宋卫实难"译为"难宋卫"。笔者认为,王说及杨说皆可,"古人多谓患谓难",且"实"作"是"为宾语前置,则言"郑国所为难的仅有宋卫两国",其义可通。

《文公六年》"求而无之实难",杜注训释为"卒难得","卒"通"猝","难"字释文未注音,可当如字读,为"困难"之义。王引之认为"卒难得"与前文"求而无之"重复,不得其义,亦应释为"是患"。竹添光鸿《左氏会

---

[1]　[日]竹添光鸿. 左氏会笺 第一卷 [M]. 四川：巴蜀书社,2008：69.

笺》言此条与"'宋、卫实难'一字例也，非难卒得之谓"①，反驳杜注。杨伯峻《春秋左传注》言："求而无之，谓临事急而求之，则无有也，实处困境。"②此条与"宋卫实难"相同，王说是也，义为"求得之时无法得到"。

《昭公二十二年》"人牺何难"，杜注言"设使宠人如宠牺，则不宜假人以招祸难使牺在己，则无患害"，杜注释此为"是祸患"。王引之在此任然主张"人牺何难"为宾语前置句。竹添光鸿《左氏会笺》释此处为"己为牺则有何祸害"，与杜注同。而杨伯峻则反驳王说"未确"，认为当释为"的确很困难"，此处未有宾语前置。可见此处王说失当，其本义可作"应当很困难"解。

因此，对于王引之所举三例来说，"宋卫实难"和"求而无之实难"的确是可以当作"是难"解，但"人牺何难"则不从王说，应当为"的确很困难"。至于《晋语》中"夫戮出于身实难"，韦注解为"难居"，将"难"释为"困境"。实际此处亦同"宋卫实难"，为宾语前置句，"难"训释为"患"。在《左传》中，"实难"除以上三例外，还出现了五处，分别为《成公二年》"人生实难"、《襄公三十年》"无欲实难"、《襄公三十一年》"终之实难"、《昭公三年》"弗知实难"和《昭公十年》"非知之实难"，在此例的解释中，王引之没有进行反驳，可见是认同杜注，当解为"畏惮"。

2.《春秋左传中》"官不易方"条，王引之释"方"为"常"之义

〔成〕十八年及襄九年《传》并曰："官不易方。"杜前注曰："官守其业，无相踰易。"后注曰："方，犹宜也。"引之谨案：方，常也。《恒·象传》曰"雷风，恒君子以立不易方"，谓不易常也。（《檀弓》"左右就养无方，内则博学无方"、《论语·里仁》"游必有方"，郑注并曰："方，犹常也。"）《周语》："官不易方。"韦注曰："方，道也。""道"与"常"义相近。《晋语》："官方定物。"注曰："方，常也。物，事也。立其常官，以定百事。"

---

① [日]竹添光鸿.左氏会笺 第八卷[M].四川：巴蜀书社，2008：40.
② 杨伯峻.春秋左传注[M].北京：中华书局，1990：550.

今案：《成公十八年》及《襄公九年》中，都有"官不易方"之词。杜预注"官不易方"为"官守其业，无相踰易"，又注"方"为"宜"之义。王引之认为，"方"当为"常"之义。例如《周易·恒·象传》中"恒君子以立不易方"释为"不易常"。《周语》中有"官不易方"，《晋语》中有"官方定物"，韦昭皆注"方"为"道"，义同"常"近。因此，"官不易方"当释为"官不易常"，即掌权的人不应当改变方法，以劝谏统治者要使政局稳定，政策得人心。

3.《春秋左传下》"私族于谋"条，王引之释"私族于谋"为"私谋于族"之义

〔昭十九年《传》〕"其一二父兄惧队宗主，私族于谋，而立长亲。"杜注曰："于私族之谋，宜立亲之长者。"引之谨案：《传》言"私族于谋"，不言"于私族之谋"，杜说非也。"私族于谋而立长亲"者，私谋于族而立长亲也，倒言之则曰"私族于谋"矣。十一年《传》"王贪而无信，唯蔡于感"，言唯憾于蔡也。本年《传》"谚所谓室于怒市于色者"，言怒于室色于市也。文义并与此相似。

今案：杜预释"私族于谋，而立长亲"为"于私族之谋，宜立亲之长者"，即将"私族"理解为"宗族"之义。王引之认为，传文既言"私族于谋"，即不当为"于私族之谋"义。此义当为私谋于族而立长亲。按照语法，"私族于谋"当倒言为"私谋于族"。《昭公十一年》有"唯蔡于感"，当倒言为"唯憾于蔡"；《昭公十九年》"室于怒市于色者"，当倒言为"怒于室色于市"，皆是此理。

孔颖达《春秋左传正义》是在杜预注为底本的基础上继续阐释《左传》经义，体例严谨，解释得体。然而该书独尊杜注，乾嘉学者难免认为其有扬弃汉儒之说，又加以批判。《经义述闻》对于孔疏的驳正往往是与杜注相互补充结合的。

4.《春秋左传中》"数疆潦"条，王引之释"疆潦"为无法生长植物之地

〔襄二十五年《传》"数疆潦"〕杜注："疆界有流，潦者，计数减其租入。"正义曰："贾逵以疆为强檠硗埆之地，郑众以为疆界内有水潦者。案：《周礼·草人》'凡粪种，强檠用蕡'，郑玄云：'强檠，强坚者。'则强地犹堪种植，非水潦之类。故从郑众之说，数其疆界有水潦者，计数减其租税也。孙毓读为疆潦，注云：'砂砾之田也。'"引之谨案：水潦所集，不必在疆界，且上文之"山林"、"薮泽"、"京陵"、"淳卤"，下文之"偃猪"、"原防"、"隰皋"、"衍沃"，皆二字平列，此"疆潦"不应独异，郑众之说非也。孙毓读为"疆潦"，盖"礓礰"之讹。《尔雅》"山多小石磝"，郭璞注云："多礓砾。"释文"礓，居羊反"，引《字林》云："砾也。"《说文》："砾，小石也。"《玉篇》："礰，同砾，力的切。"《众经音义》卷八引《通俗文》云："地多小石谓之礓砾。"是礓礰者，有石之地，《逸周书·文传篇》所谓"砾石不可谷，树之葛木，以为缔绤，以为材用"者也。不可树谷，故计数减其租入也。孙说为长。

今案：蒍掩所做"数疆潦"一事，杜预注"疆潦"为"疆界有流，潦者"，即边境的水涝地，因此需要"计数减其租入"。孔颖达正义先引贾逵注"疆"为"强"，言"疆潦"为"疆檠"，也就是"硗确之地"，因土地贫瘠而减免租入。又引郑众言"疆潦"为"疆界内有水潦者"，同杜注。孔颖达在参考了以上二说之后，引《周礼》郑玄注，言"强檠用蕡"中的"强檠"为"强坚"，此处仍能能够种植，并非水涝之地，驳斥了贾逵之说，孔颖达依从郑众之义，最终确定"数疆潦"应为计算疆界内有水潦的情况，按照面积数量来减免租税。同时，孔颖达又引《周礼》孙毓注，言"强檠"当读为"疆潦"，盖是'礓礰'之讹误。王引之认为，孔颖达之说尚待商榷。若按逻辑，水潦所集不一定在疆界；若按语法，上文有'山林''薮泽''京陵''淳卤'，下文有'偃猪''原防''隰皋''衍沃'，都是二字平列，此处'疆潦'不应分解。则郑众之说并非正确。王引之认为孙毓所说，"强檠"当读为"疆潦"，是正确

的。《尔雅》中有"山多小石墈"异文，郭璞注为"多礓砾"。"礓"字释文注音为"居羊反"，即《说文》中解为"小石"。"碌"字《玉篇》释为"同砾"，注音为"力的切"。《众经音义》释"礓碌"为"地多小石"，即"有石之地"。《逸周书》中也有所谓"砾石不可谷"的记载，即"礓潦"之地无法生长谷物，因此计算其面积来减免租税。王引之选取孙毓之说为长。杨伯峻提出"'礓'当作'强'。强潦谓土性刚硬，受水则潦"，与此相同。

除杜预注、孔颖达正义外，《经义述闻》还对贾逵、服虔等人的注进行驳正。虽然乾嘉学者极力推崇汉儒古注，贾、服二注之驳正所占比重很少，但亦能说明王引之校读群注，不受当时学术倾向限制。

5. 《春秋左传下》"札瘥夭昏"条，王念孙释"昏"为泯没之义

〔昭十九年《传》〕"寡君之二三臣，札瘥夭昏。"贾逵注曰："短折曰夭，未名曰昏。"家大人曰：昏之言泯没也。《皋陶谟》"下民昏垫"，郑注曰："昏，没也。"传曰："寡君之二三臣。"若未名而死，不得谓之臣矣。《晋语》曰："晋侯将死矣，君子失心，鲜不夭昏。"晋侯亦非未名而死者也。昭二十年《传》"所以夭昏孤疾者"，《周语》"然则无夭昏札瘥之忧"，义并同也。

今案：对于"夭昏"一词，贾逵解释为"夭"为婴儿短折，"昏"为未命名字。王引之引家大人之语，认为"昏"是言泯没，而非未名。如《皋陶谟》郑玄注即言"昏"为"没"。前文又述"寡君之二三臣"，若真为"未名"，则不当称为"臣"。《晋语》言晋侯"鲜不夭昏"。《昭公二十年》言"所以孤疾者"，《周语》亦言"然则无夭昏札瘥之忧"，同是此理。

（二）对于《公羊传》注疏的驳正

何休是汉末公羊学的代表人物，他对于《公羊传》的注解反映了汉末的社会政治环境，也继承了董仲舒等公羊大师的学术成果。何注重义理而轻，因此在乾嘉时期备受重视。《经义述闻》除了探讨《公羊传》中的春秋灾异之说，对何注中的训释也进行了驳正。

6.《春秋公羊传》"出不正反战不正胜"条，王引之释"正"为"定"之义

〔僖〕二十六年《传》："师出不正反，战不正胜也。"何注曰："不正者，不正自谓出当复反，战当必胜。"引之谨案：正之言定也，必也。《周官·宰夫》郑注曰："正，犹定也。"《尧典》"以闰月定四时"，《史记·五帝纪》"定"作"正"。《齐语》"正卒伍修甲兵"，《汉书·刑法志》"正"作"定"。是"正"与"定"同义。"师出不正反，战不正胜"者，言师之出也，不能豫定其得反；其战也，不能豫定其得胜，盖败亡亦事之常也，《谷梁传》曰"师出不必反，战不必胜，故重之也"是也。不正者，事不可必之谓，非谓不正其自谓反自谓胜也。何《注》失之。

今案："师出不正反，战不正胜也"，何休注"不正"为"出当复反"，徐疏言"以义言之，此句亦宜云战不正胜者，不正自谓战当必胜，但何氏省文，不复备言"，可以看出何注释此句为"出必当返，战必当胜"。而王引之引《周官》《尧典》《史记》《齐语》《汉书》等例，训"正"为"定"，此言"不定"，即"师出未必返，战未必胜"。笔者认为，何注与王说的差异在于"师出会不会必返"与"战会不会必胜"。宋魏了翁《春秋左传要义》言："其意以为：兵，凶器；战，危事。用师必有死伤，不可必全得归。"在《谷梁传》中，此处作"师出不必反，战不必胜"，且范注杨疏都没有进行解释，可认为此处即为本义。

（三）对于《谷梁传》注疏的驳正

谷梁学历来被称为是"孤微之学"，其研究高峰在晋唐和清代。晋唐以范宁的《春秋谷梁传集解》和杨士勋的《春秋谷梁传注疏》为代表，而清代也留下诸如钟文烝《春秋谷梁经传补注》和廖平《谷梁古义疏》等代表。王氏父子虽然是古文经学的代表，但依然在《经义述闻》中对《谷梁传》中的经义做出探讨。

7.《春秋谷梁传》"爆弹"条，王引之释"暴"为"卒"之义

〔宣〕二年《传》"灵公朝诸大夫而暴弹之"，范注曰："暴，残暴。"引之谨案："暴"训残暴，则与"弹"字文义不相属。今案：暴者，猝也，谓猝然引弹而弹之也。《吕氏春秋·察今篇》"澭水暴溢"，高注曰："暴，卒也。""卒"与"猝"同。《史记·主父偃传》"吾日暮涂远，故倒行暴施之"，索隐曰："暴者，卒也，急也。"

今案："灵公朝诸大夫而暴弹之"，范注言"暴"为"残暴"，释文言"弹，徒丹反，又徒旦反"，《广韵》作"行丸"，为名词解。王引之认为，若按照范注所解，则与"弹"之名词义不相属。故训"暴"为"猝"，言"猝然引弹而弹之"。《吕氏春秋》高注、《史记》索隐皆训"暴"为"卒"，与此义同。笔者认为，若按范解，"弹"应作动词，"残暴弹之"以表现灵公荒谬无道，然释文之音为唐陆德明所加，安得杜本义？《日讲春秋解义》亦解"暴，残暴"。若解为"残暴弹之"亦可，以证晋灵公之荒诞无道。王说训"暴"为"卒"，其义实引《公羊传·宣公六年》言晋灵公"然后处乎台上，引弹而弹之"。《白孔六帖》亦有"晋灵公不君，从台上弹人，观其避丸以为乐"。则此处"弹"皆作动词，王说亦可。因此此处依范注及王说，二者皆可。

二、对名物典章的考据

名物研究是传统训诂学研究的主要内容之一。"名物"一词范围涉及广泛，考证名物实际上也是文献考据的一方面。《春秋》三传中记述了众多的名物词，涉及到器物、职官、地理等方面。名物词是我们读经、解经的关键，如果不通晓名物词，就无法对三传经义有着正确的理解。这些名物词不仅表明了时代特征，更代表着当时的典章制度。张寿安认为"清儒在研治经学时，其着重的面向不从心性理气作一形上思辨的论述，而是从经验世界出发，关怀社会中各种典章制度的问题，以考证作为其研究方法的展开，重新安顿经验界里的

一切秩序。"①因此名物与典章非考证不明，对于考据学家来说，不考证名物与典章，就会出现考据学上的疏漏。王氏父子在对《春秋》三传进行研究的过程中，亦会对其中的名物与典章进行详细的考证。本部分对王氏父子所考证的器物类名物词、官职类名物词和地理类名物词等方面来考证，不仅可以研究王氏父子对《春秋》三传中典章制度的研究，亦可以广见闻，凸显王氏父子的博学如此。

（一）对器物类名物词的考证

由于历史的发展，春秋时期的诸多器物已经产生了外形上的变化和名称上的更替。考证器物类名物词有利于理解三传文义，进而探寻器物的传承流变。在《经义述闻》中，王引之训释了大多数的器物类名物词。

8.《春秋左传上》"辅车相依"条，王念孙考证"辅车"之物

〔僖〕五年《传》"谚所谓辅车相依，唇亡齿寒者，其虞虢之谓也"，服注曰："辅，上颔车也，与牙相依。"（见《卫风·硕人篇》正义。）杜注曰："辅，颊辅。车，牙车。"家大人曰：《释名》曰："辅车，其骨强，所以辅持口也。或曰牙车，牙所载也。或曰颔车，颔，含也，口含物之车也。或曰颊车，亦所以载物也。或曰鼸车，鼸鼠之食积于颊，人食似之，故取名也。凡系于车，皆取在下载上物也。"然则牙车或谓之颔车，或谓之辅车。辅车是一物，不得分以为二也。杜以"辅"为颊、"车"为牙车，殆不可通。服谓颔车与牙相依，亦与《传》不合。《传》云"辅车相依"，不云辅车与牙相依也。此皆因下句言唇齿，遂致以辅车为颔车耳。余谓"唇亡齿寒"，取诸身以为喻也；"辅车相依"，则取诸车以为喻也。《小雅·正月篇》"其车既载，乃弃尔辅"，《正义》曰："为车不言作辅，此云'乃弃尔辅'，则辅是可解脱之物。盖如今人缚杖于辐以防辅车也"，则车之有辅甚明。《吕氏春秋·权勋篇》宫之奇谏虞公曰：

---

① 张寿安. 十八世纪礼学考证的思想活力——礼教论争与礼秩重省 [M]. 北京：北京大学出版社，2005：1.

"虞之与虢也，若车之有辅也。车依辅，辅亦依车，虞虢之势是也。"云"若车之有辅"，则为载物之车而非牙车矣。《说文·车部》"辅"字列于"䡅"、"軔"二字之间，云："《春秋传》曰：'辅车相依。'（《系传》如是。大徐本删"春秋传曰辅车相依"八字，而移"人颊车也"四字于前以代之，又退"辅"字于部末"轰"字上。）从车甫声。"又列一说云："人颊车也。"（人上脱"一曰"二字。）许引《春秋传》"辅车相依"以为从车之正义，而"人颊车也"下则不引《春秋传》，则《春秋传》之取喻于车，不取喻于颊车，较然无疑。服、杜二家，何不考于《小雅》《吕览》之文而辄以为牙车乎？（虞翻注《艮》六五亦误以颊车为辅车相依之车，见《集解》。）又案：高诱注《吕览》云"车，牙车也。"（各本脱下"车"字。）辅，颊也"，全与杜氏《注》同，盖后人以杜《注》改之也。彼文既言"若车之有辅"云云，下乃云"先人有言曰：唇竭而齿寒"，则取喻之不同类可知。高氏不应不察，而以车之有辅为齿颊之属也。

今案：服注、杜注所释"辅车"，将"辅"与"车"分别训释。服注"辅"为上颔车，与牙相依。而杜注释"辅"为颊辅，又释"车"为牙车。是将"辅"与"车"看作两物，以表示车内部构件的依附关系。王引之引家大人之语，认为"辅车"是一物，或言牙车，或言颔车，或言齻车，皆为"辅车"之同物异名。又证"辅车"似面颊及牙齿，以喻"唇亡齿寒，唇齿相依"，两者相互依存，以证举其例之用意。笔者认为，王引之将"辅车"当作连语，而没有割裂开来，此说是也。首先，"唇亡齿寒"并非单纯解释"唇"与"齿"，而是借人体器官来说明事理，此处用"辅车"内部件相依说明亦是此理。其次，王引之在后文所引《诗经·小雅·正月篇》说明"辅是可解脱之物"，又引《吕氏春秋·权勋篇》宫之奇之语言"车依辅，辅亦依车"，则载物之车而非牙车，以证杜注之误。因此，王引之在此处考证"辅车"之名物，非杜注与服注一分为二。

9. 《春秋左传下》"少帛"条，王引之考证"少帛"之物

〔定四年《传》〕"分康叔以大路少帛，綪茷旃旌"，贾逵注曰："少帛，杂帛也。"（见《史记·卫世家》集解。）杜预注同。正义曰："《周礼·司常》云：'通帛为旃，杂帛为物。'郑玄云：'通帛谓大赤无饰，杂帛者，以帛素饰其侧。'大赤是通帛，知少帛是杂帛也。"引之谨案：杂帛者，谓其帛色赤白相杂也。"杂"与"少"不同义，不得以"少帛"为杂帛。且杂帛为物，物是旗名，而杂帛则非旗名，可谓之物，不可谓之杂帛，亦不可谓之少帛。帛则非旗名，可谓之物，不可谓之杂帛，亦不可谓之少帛。犹之通帛为旃，可谓之旃，不可谓之通帛也。今案："少帛"盖即小白，《逸周书·克殷篇》"县诸小白"，孔晁注曰："小白，旗名。"齐桓公名小白，盖以旗为名，若齐大夫栾施字子旗，孔子弟子荣旗字子旗之类也。"少"与"小"、"帛"与"白"古字并通。（《玉藻》"大帛不绣"，郑注："帛，当为白。"闵二年《左传》"大帛之冠"，《杂记》注引作"大白"。《小雅·六月》"白旆央央"，孙炎《尔雅注》引作"帛旆英英"。子思之子名白，《汉书·孔光传》作"帛"，是"白"与"帛"通。"少"、"小"之通，书传甚多，不烦枚举。）

今案："少帛"一物，贾逵注为"杂帛"，杜预注与此同。正义中引《周礼·司常》所言"通帛为旃，杂帛为物"，郑玄亦释"通帛"为"大赤无饰"，释"杂帛"为"以帛素饰其侧"。即将"通帛"释为旃旗，"杂帛"即"少帛"，释为旗上的装饰物。王引之认为，所谓"杂帛"，也就是帛色赤白相杂。而"杂"与"白"不同义，则"杂帛"与"少帛"不得相同。并且"杂帛"为装饰之物，此物为旗名，而"杂帛"以例来说并非是旗名，则可见矛盾之处。因此此物不可称之为"杂帛"，更不可称之为"少帛"。"少帛"另有他解，驳斥了贾逵之注。

（二）对职官类名物词的考证

除器物类名物词外，王氏父子还对职官类名物词进行了考证。春秋时期的

职官因时代原因，后世已多不可考，亦或有误解之词，王氏父子依据古籍，对部分后人误解的官职进行了考证。

10.《春秋左传上》"五侯九伯"条，王引之考证"五侯九伯"之官

引之谨案：僖四年《传》"五侯九伯"，其说有三。《史记·汉兴以来诸侯年表》曰"周封伯禽、康叔于鲁、卫，地各四百里。大公于齐，兼五侯地"，《汉书·诸侯王表》作"大公于齐，亦五侯九伯之地"。盖谓齐国兼有五侯九伯之地，此一说也。《正义》曰："郑玄以为周之制，每州以一侯为牧，二伯佐之。九州有九侯、十八伯。大公为东西大伯，中分天下者，当各统四侯半，一侯不可分，故言五侯。其伯则各有九耳。"此一说也。《邶风·旄邱》正义引服虔《注》曰："五侯，公、侯、伯、子、男。九伯，九州之长。"杜预与服同，此又一说也。案：下文"女实征之"，非谓灭其国而有之也。马、班之说，殊非《传》意。郑君之说，则《正义》以为校数烦碎，非复人情。服、杜以五侯为公、侯、伯、子、男，九伯为九州之长。案《王制》曰："八州八伯。"《郑志》："张逸问曰：'九州而八伯者何？'答曰：'畿内之州不置伯。'"（见《王制》正义。）然则方伯唯八州有之，不得言九伯也。今案："侯"、"伯"，谓诸侯之七命者。五等之爵，公、侯、伯、子、男。曰"侯"、"伯"者，举中而言。天下之侯不止于五，伯亦不止于九，而曰"五侯九伯"，谓分居五服之侯、散列九州之伯。若《尧典》"五刑有服"，谓之五服，"五流有宅"谓之五宅。《禹贡》"九州之山川"谓之九山、九川也。侯言五，伯言九，互文耳。五服，即九州也。又案：子长、孟坚言齐有五侯九伯之地者，谓侯爵之国五，伯爵之国九，而齐兼有其地也。其说五九则非，其说侯伯则是。盖当时说《左传》者，皆不以"侯"为诸侯、"伯"为方伯也。

今案：齐国国相管仲在讨伐楚国时，面对楚使臣"不虞君之涉吾地也，何故"的疑问，特言"五侯九伯，女实征之"以强调其法理性。由于该词在《左传》中没有明确的指代说明，历代注解家均对"五侯九伯"进行了不同的解

释，其中的某些观点被字典辞书和古代汉语教材所采纳，但释义仍不够全面，有待商榷。自汉以来，对"五侯九伯"的注解共有五种主流观点：

其一，谓齐国兼有五侯九伯之地，是从齐国的疆域范围方面来阐释。《左传·僖公四年》载"赐我先君履，东至于海，西至于河，南至于穆陵，北至于无棣"；又有《史记·汉兴以来诸侯王年表》言"太公于齐，兼五侯地，尊勤劳也"；《汉书·诸侯王表》亦言"太公于齐，亦五侯九伯之地"。关于"履"字，段玉裁《说文解字注》言："引伸之训践，如君子所履是也①"。象征周天子授齐国国君征讨作乱、保疆卫土的权力。《文选》引杜预注："履，所履之界也"，是言"履"有"疆土""属地"之义。此是管仲言齐国属地之广，"实征五侯九伯之地"，回答楚国使臣"不虞君之涉吾地"的疑问。齐国之所以有以上权力，是因周成王少时，管蔡作乱，淮夷畔周，周与齐订立盟约，齐由此得征伐，为大国，都营丘。是齐兼有五侯九伯之地的法理依据。此说在语言逻辑上缺乏合理性，若言"五侯九伯"为齐国兼管五侯九伯之地，似与上文载齐国疆域不符。且周成王时距西周分封已过数年，各国疆域已无法更改，故此处不当理解为齐兼有五侯九伯之地。《国语·齐语》载齐桓公时齐国疆域"地南至于陶阴，西至于济，北至于河，东至于纪酅"，又与管仲所言相矛盾。正如何焯《义门读书记》言："《左传》但言'五侯九伯，汝实征之'。非兼有其地，盖班氏误也。"②此驳"兼五侯九伯地"之说。此说非但没有对"五侯九伯"进行解释，反而使后世对齐国的疆域有所疑惑。若按今之地方，海指黄海、渤海，即山东半岛东部海域，河指黄河，此义尚可通。但穆陵、无棣之地，后世讨论颇多。杜预解："穆陵、无棣，皆齐竟也"，此言不实。若皆在齐境，又怎能征讨五侯九伯，"夹辅周室"？就穆陵一地而言，唐司马贞《史记

---

① ［清］段玉裁. 说文解字注 [M]. 北京：中华书局，2013.

② ［清］何焯. 义门读书记 [M]. 北京：中华书局，1987：256.

索引》言:"今淮南有故穆陵门,是楚之境。"①认为是楚国境内淮南的穆陵门。杨伯峻认为穆陵在湖北省麻城县穆陵关。而高文辉《〈左传〉"穆陵"辨释》中考究"'南至于穆陵'的'穆陵',应该在周王朝最南部诸侯国越国的南部地区。"②而无棣之地,王力先生《古代汉语》注为"齐国的北境,在今山东省无棣县附近"③,这也是流传最广、被学界认同度最高的说法。此外,郦道元《水经注》言"旧说无棣在辽西孤竹县",即河北卢龙县,杨伯峻亦持此说。则可见,关于穆陵、无棣之地的考证,齐国所履之地皆在齐国疆界之外,与齐国疆域不符。故合理的解释当如杨伯峻《春秋左传注》将"履"解为"所践履之界,非指齐国疆界,乃指得以征伐之范围。"④即"有权征讨的范围"。王力《古代汉语》亦有:"履,践踏,这里指足迹所践踏的地方,即齐国可以征伐的范围。"⑤此又是一解。指齐国以方伯之命,地位居于五侯九伯之上,似乎更为合理。至于"五侯九伯"之具体含义,此观点未指出。

其二,谓齐统领的五位诸侯、九位州伯,"五"与"九"皆为实指。此说言齐国作为王官之伯,中分天下,统领五位诸侯、九位州伯,有征讨邦国之权。见《左传·僖公四年》孔疏:"郑玄以为,周之制,每州以一侯为牧,二伯佐之,九州有九侯十八伯。大公为东西大伯,中分天下者,当各统四侯半,一侯不可分,故言五侯。其伯则各有九耳。"⑥《毛诗·旄丘》孔疏亦引郑语:"太公为王官之伯,二人共分陕而治。自陕以东,当四侯半,一侯不可分,故言五侯。九伯则九人。"⑦郑注《周礼·春官·大宗伯》亦有:"上公有功德者,加命

---

①　[汉]司马迁.史记[M].北京:中华书局,1959:1481.

②　高文辉.《左传》"穆陵"辨释[J].古籍整理研究学刊,2010(06):52.

③　王力.古代汉语[M].北京:中华书局,1981:14.

④　杨伯峻.春秋左传注[M].北京:中华书局,1990:290.

⑤　王力.古代汉语[M].北京:中华书局,1981:14.

⑥　[清]阮元校刻.十三经注疏[M].北京:中华书局,2009:3891.

⑦　[清]阮元校刻.十三经注疏[M].北京:中华书局,2009:643.

为二伯，得征五侯九伯者。"① 按照郑玄的解释，周制一州内有一位侯爵诸侯担任州牧，有两位伯爵诸侯担任州伯以辅佐州牧。则天下九州共九侯十八伯，齐太公作为王官之伯，中分天下，则统领"五侯九伯"。然若依郑语，则有二处尚有异议。首先，《礼记·王制》载："二百一十国以为州，州有伯。八州，八伯。"则方伯唯八州有之，并非郑玄所言九侯十八伯。王引之在《经义述闻》中驳斥郑说："方伯唯八州有之，不得言九伯也。"竹添光鸿《左氏会笺》亦言："五谓爵，九谓州，非立言之体，郑玄以为周之制每州一侯二伯，亦无确证，皆不可从。"② 故"九侯十八伯"不成立，又何来中分为"五侯九伯"？近代诸多学者亦认为此说句式过于整齐，因而"是理想的拟制，而非西周时代的事实，不过其在一定程度上反映了西周的史影"③。其次，宋代魏了翁《春秋左传要义》即提出"'五侯九伯'，先儒无同郑说者"④，故齐国"东西大伯""分陕之伯"的地位是出于汉儒的附会，亦不符合历史。所谓"分陕之伯"（或"东西二伯"），有两种说法：一种是周朝共同主持国政的东西二伯，即周公与召公；另一种则指的是春秋时的齐桓公、晋文公。宫长为认为此说既未说明"分陕而治"始于何时，也未说明"分陕而治"的界线，故"东伯"和"西伯"只是相对而言的，从整个西周王朝官制的结构来讲，并不存在。⑤ 从现有史实来看，周代的官制中并不存在"东西二伯"。除齐桓公伐楚此事外，齐国再无言"五侯九伯"之处。则可证齐国统领五侯九伯之说亦不成立。除此之外，孔颖达还对郑玄之语提出否定："侯为牧，伯佐治，言是周制，其事无所出也。且征者，征其所统之国，非征侯伯之身，何当校计人数，以充五九之言？即如其言，使伯佐牧，二伯共佐治而已。非是分州之半，复安得征九伯也？校数烦

---

① [清]阮元校刻. 十三经注疏 [M]. 北京：中华书局，2009：4193.

② [日]竹添光鸿. 左氏会笺 第一卷 [M]. 成都：巴蜀书社，2008：398.

③ 邵蓓. 西周伯制考索 [J]. 中国史研究，2008(02):3-12.

④ [宋]魏了翁. 春秋左传要义 卷十四 [M]. 清文渊阁四库全书本.

⑤ 宫长为."分陕而治"说再认识 [J]. 东北师大学报，1995(06):48-53.

碎，非复人情，故先儒无同之者。"①并且除僖公四年外，齐国再无言"五侯九伯"之处，反观襄公十四年周王使刘定公赐齐国命，言："昔伯舅大公，右我先王，股肱周室，师保万民，世胙大师，以表东海。王室之不坏，繄伯舅是赖。"②则未提左右分治，管辖五侯九伯齐国国君的征讨之权是十分有限的。故管仲此言，无非是在对最初分封爵位为低下的子爵的楚国面前，用以压制楚人。

其三，指五等诸侯、九州伯长，其中"五"为泛指，"九"为实指。此说言"五侯九伯"是"公侯伯子男"五等诸侯及九州的长官。见《左传·僖公四年》服注："五侯，公、侯、伯、子、男。九伯，九州之长。"杜注："五等诸侯，九州之伯，皆得征讨其罪。齐桓因此命以夸楚。"③孔疏及刘绩《春秋左传类解》、洪亮吉《春秋左传诂》亦引此说作一说，故流传甚广，最为后世所接受。《汉语大词典》《现代汉语词典》等辞书采纳此说，释"五侯""九伯"为"周代五等诸侯"和"九州伯长（泛指天下之伯）"。王力先生的《古代汉语》亦注："五侯，即公侯伯子男五等爵。九伯，九州之长。'五侯九伯'在这里泛指所有的诸侯。"从本义上来讲，"五侯九伯"似作此解，但此说囿于"五等诸侯"和"天下九州"的范围概念，亦有不合理之处。例如《毛诗·旄丘》孔疏反驳服注："若主五等诸侯，九州之伯是天子何异，何云夹辅之有也？"④黄盛璋亦言："五侯、九伯实包括全天下之侯伯，无须再为划定范围，且九伯即在五侯之内，两者举一就够，并举则辞语犯复，不合情理；既云'西至于河'，即可决知'九'非'九州'，'五'亦非'五等'。"⑤因此，无论从逻辑还是表

　　① [清]阮元校刻.十三经注疏[M].北京：中华书局，2009：3891.

　　② [清]阮元校刻.十三经注疏[M].北京：中华书局，2009：4252.

　　③ [清]阮元校刻.十三经注疏[M].北京：中华书局，2009：3891.

　　④ [清]阮元校刻.十三经注疏[M].北京：中华书局，2009：643.

　　⑤ 黄盛璋.保卣铭的年代、地理与历史问题[A].历史地理与考古论丛[M].济南：齐鲁书社，1982：225.

述上来看，此说均有欠缺。考究其说，若齐国之君真能统帅"五等诸侯"及"九州伯长"，则地位远胜当时的周、召二公，管辖范围与周天子相同。这对于当时仅仅是侯爵的异姓诸侯齐国，是绝对不可能的。齐太公虽然有辅弼之功，但功绝不至此。故《汉语大词典》《古代汉语》等书的解释存疑，有待我们继续考证。此外，后世史书中，鲜有沿用此语者。唯有《旧唐书·哀帝纪论》中有"五侯九伯，无非问鼎之徒；四岳十连，皆畜无君之迹"①，在语义上同此观点，但似因前人注疏而误，又据此语行用年代已有千余年，不可为佐证。

其四，王引之认为，指分居五服之侯、散列九州之伯，"五"与"九"皆为泛指。王氏言："'五侯九伯'者，谓分居五服之侯、散列九州之伯。若《尧典》'五刑有服'谓之五服，'五流有宅'谓之五宅。《禹贡》'九州之山川'谓之九山、九川也。侯言五，伯言九，互文耳。"王引之在考证时，认为"五侯九伯"皆是春秋时期的官爵名，进而归纳《春秋》中的"侯""伯"均非"诸侯""州伯"之义，并非指代具体爵位，而是"分居五服之侯"和"散列九州之伯"的统称，亦是互文见义。王引之利用修辞，对"五侯九伯"作出比较合理的解释，但局限于诸侯等级，甚不可靠。又从修辞来说，"五服之侯九州之伯"并不能省作"五侯九伯"。竹添光鸿《左氏会笺》言："九山九川，上承九州攸同之文，无妨省文见义，岂无所承而于五服之侯九州之伯，得直言五侯九伯乎？况五服夏制，周自为九服乎？"②是言王氏互文见义不实。并且《周礼》记载周代天下有九服，王氏用夏制五服来说明周礼，貌似不合时宜。实际上，"五侯九伯，女实征之"是齐国地位的象征，涉及到齐国的管辖范围，不可简单理解。"五侯九伯"当是齐国受周王之命所征伐的小国或邦族，他们受齐国监督，又对周王又纳贡的责任。管仲所言"五侯九伯"正是提醒楚国有"包茅不入，王祭不共，无以缩酒"之罪，而齐国有监管之责，如此理解，则文通义顺。

---

① [后晋] 刘昫．旧唐书 [M]．北京：中华书局，1975：812.
② [日] 竹添光鸿．左氏会笺 第一卷 [M]．成都：巴蜀书社，2008：398.

11.《春秋左传中》"官师"，王引之考证"官师"之职

〔襄十四年《传》〕"官师相规，工执艺事以谏。"杜注曰："官师，大夫。"《楚语》"在舆有旅贲之规，位宁有官师之典"，韦注曰："师，长也。"引之谨案：《左传》之官师与工并举，《楚语》之官师与旅贲并举，乃是官之小者。襄十五年《传》"官师从单靖公逆王后于齐，卿不行，非礼也"，杜彼注曰："官师，刘夏也，天子官师非卿也。"正义曰："《释例》云'元士、中士称名'，刘夏、石尚是也。是天子之官师非卿。"《祭法》"官师一庙"，郑注曰："官师，中士、下士。"《贾子·阶级篇》曰："古者圣王制为列等，内有公卿大夫士，外有公侯伯子男，然后有官师小吏，施及庶人。"以上三说，皆不以官师为大夫。

今案："官师"一职，杜预注其为"大夫"。《国语·楚语》中亦有"官师"一职，韦昭注"师"为"长"。可见杜注、韦注皆认为"官师"为大夫长官一类的职务。王引之认为，《左传》中"官师"与工艺并举，《楚语》中与旅贲并举，都是比较小的官职。《左传·襄公十五年》中杜注与正义皆言"官师"为"非卿也"。《礼记·祭法》中郑玄释"官师"为"中士、下士"。《贾子·阶级篇》亦称"官师小吏"。以上三家之说，皆言"官师"确是官之小者。因此王引之经过考证，对"官师"这一官职类名物词进行了考证，驳斥了"官师"为"长官"一说。

（三）对于地理类名物词的考据

同职官类名物词一样，地理类的名物词有时因为时间久远，训释者缺乏足够的地理知识，因此在训释时产生错误的理解。王氏父子能够依据他书，对《春秋》三传注疏中的考证进行驳正。

12.《春秋左传上》"商密"条，王引之释"商密"之地

〔僖〕二十五年《传》"除斗克屈御寇，以申息之师戍商密"，杜注曰："商密，今南乡丹水县。"引之谨案：《续汉书·郡国志》"南阳郡丹水有章密乡"，

即商密也。古字"商"与"章"通。《柴誓》"我商费女",释文曰"商,徐音章";《吕氏春秋·勿躬篇》"弦章",《韩子·外储说》作"弦商"是也。《志》言"有章密乡",正以其为春秋地名也,而刘昭无注,盖不知"商"与"章"之通假,是以失引《左传》耳。

今案:王引之考"商密"之地,引用杜注之说,然并为全盘接受,而是又详加考证。王引之引用《后汉书》《柴誓》《吕氏春秋》及《韩子》认为"商密"即"章密",为南阳郡丹水之地。然除此说之外,笔者查找到《汉书·地理志》有"丹水县有密阳乡,故商密也",《水经注》有"(丹水)县有密阳乡,古商密之地,昔楚申息之师所戍也"。可证古商密之地一名章密,一名密阳。王氏所释地名为后世学者考证《春秋》提供了方便。此类地理类名物词,在《经义述闻》中还有很多,王引之都对其进行了一一列举,详细见附录。

13.《春秋谷梁传》"梁山"条,王引之释"梁山"之地

〔成〕"五年,梁山崩。"范注曰:"梁山,晋之望也。"疏曰:"《诗》云:'奕奕梁山。'是韩国之镇,霍阳,韩魏晋之地,故云晋之望也。"引之谨案:此梁山非《诗》之"梁山"也,《诗》之"梁山"在涿郡良乡县北,乃漯水所经(见《水经·漯水经》),去河甚远,不得云"梁山崩,壅遏河,三日不流"。其韩城在涿郡方城县(《水经·圣水注》引王肃《注》),与燕甚远,故《诗》曰"薄彼韩城,燕师所完",非在晋地之韩也。此梁山则在冯翊夏阳县西北,临于河上(见《尔雅》郭注),故"梁山崩,壅遏河,三日不流"。夏阳,《春秋》之梁国(见桓十年《左传》杜注),亦非韩也。(夏阳,今之韩城,在河西;韩魏之韩,在河东,非今韩城也。辨见顾氏《日知录》。)自康成笺《诗》,始误以"奕奕梁山"为夏阳之山,又误以韩城为晋所灭之韩国(辨见《日知录》),而隋人遂改夏阳为韩城县,杨氏不能纠正而承用之,疏矣。

今案:"梁山"一地,范宁注考证为晋地之望。杨士勋疏依据《诗经》中"奕奕梁山",言梁山为韩国之镇,是韩魏晋之地,所以为"晋之望"。王引之

认为，此处"梁山"并非《诗经》中的梁山。《诗经》中的"梁山"位于涿郡良乡县北处，灅水经过此地，距离河流很远，并不能有文中所述"梁山崩，壅遏河，三日不流"的情况。故此城当在涿郡方城县，距离燕地很远，则有《诗经》中"溥彼韩城，燕师所完"的表述，并非在晋中韩地。王引之经过考证，发现《春秋》中的"梁山"应当在冯翊郡夏阳县西北处，靠近河流，则有"梁山崩，壅遏河，三日不流"的描述。夏阳县，也就是《春秋》中的梁国。

三、对礼法谶纬的阐发

礼法指的是礼仪法度，《商君书·更法第一》中就有记载，"及至文武，各当时而立法，因事而制礼，礼法以时而定，制令各顺其宜"[①]。可见礼法在春秋时期占据着非常重要的地位。无论是从周公时期"制礼作乐"，还是到春秋末期孔子哀叹"礼崩乐坏"，礼法都是当时社会不可或缺的制度。而谶纬是汉代根据《春秋》而衍生出的一种神学迷信，往往用来附会《春秋》中的各类记述。《经义述闻》通过对礼法与谶纬方面的词义进行训释，可以使《春秋》三传中的记载还原本来面目。

（一）对于礼乐制度的考证

春秋时期，"礼乐虽有所崩坏，但仍得到相当程度的保留"[②]。也就是说，礼乐制度在这一时期依然是社会的典章制度和道德规范。因此，对于礼乐制度的考证，也是王氏父子对《春秋》三传研究的重要部分。王氏父子在礼乐制度的考证中，主要着眼诠释考证，并对后世理解有误之处进行驳正。

14.《春秋左传中》"八风"条，王引之释"八风"之乐

引之谨案：乐之有八音，以应八方之风也。隐五年《传》"夫舞，所以节八音而行八风"、《周语》"铸之金，磨之石，系之丝木，越之匏竹，节之鼓，

---

① [周]商鞅.商君书[M].北京：中华书局.1974：7.

② 许子滨.《春秋》《左传》礼制研究[M].上海：上海古籍出版社.2012：1.

而行之以遂八风"，贾、服注并曰："八风，八卦之风是也。"（贾逵《注》见《初学记·乐部商》。）因而八音即谓之八风。襄二十九年《传》"五声和，八风平"，谓八音克谐也。"五声"、"八风"相对为文。杜《注》曰"八方之气谓之八风"，非也。昭二十年《传》："一气、二体、三类、四物、五声、六律、七音、八风、九歌以相成也。"二十五年《传》："为九歌、八风、七音、六律以奉五声。"八风与七音、九歌相次，则是八音矣。八音皆人所为，故曰"为九歌八风"。若八方之风，具是天籁，不得言为矣。杜注昭二十年《传》曰"八方之风"，亦非。《大戴记·小辨篇》"天子学乐辨风"，又曰"循弦以观于乐，足以辨风矣"。"辨风"即"辨音"（卢注"别四方之风"，失之）。《管子·宙合篇》"君失音，则风律必流"，《轻重已篇》"吹埙篪之风，凿动金石之音"，风，犹音也。成九年《传》："晋侯见钟仪，使与之琴，操南音。范文子曰：'乐操土风，不忘旧也。'""土风"谓"南音"，此"风"训为音之证。《乐记》"八风从律而不奸"，亦谓八音克谐也。（说见《乐记》。《淮南·原道篇》"扬郑卫之浩乐，结激楚之遗风"，"遗风"即遗音，故高注曰："遗风，犹余声。"）

今案：王引之认为所谓"八风"，非《左传》所述"八方之风"，而是与七音、九歌相次，即乐之八音。乐之八音，指金、石、土、革、丝、木、匏、竹这八类。此为音乐之考证，然而乐与舞是相互配合的，《经义述闻》除对音乐进行了考据之外，还对舞乐进行了考证。

15.《春秋谷梁传》"舞夏"条，王引之释"舞夏"之舞

〔隐〕五年《传》"舞夏。"范注曰："夏，大也。大谓大雉，大雉翟雉，八人为列，并执翟雉之羽而舞也。"引之谨案：夏盖五色羽之名也。《天官·序官》"夏采"，郑注曰"夏采，夏翟羽色。《禹贡》徐州贡夏翟之羽"，《染人》"秋染夏"，注曰"染夏者，染五色谓之夏者，其色以夏狄为饰。《禹贡》曰'羽畎夏狄'，是其总名，其类有六，曰翚、曰摇、曰鹬、曰甾、曰希、曰蹲，

其毛羽五色皆备成章"是也。舞羽谓之舞夏，则所执之羽备五色可知。《乐记》曰"五色成文而不乱"，盖谓此也。（郑《注》以为五行，失之，辨见《礼记》。）郑注《舞师》"羽舞"以为析白羽为之。翟非一色，不得但云白羽也。

今案：范宁注"舞夏"是"八人执翟雉之羽而舞"。王引之引《周礼》《尚书》之文，认为"染五色谓之夏"，即称"夏"为"五色羽之名"，而非"翟雉之羽"。即考证出"舞夏"为"所执之羽备五色"之舞，同《乐记》所载"五色成文而不乱"相同。

（二）对于避讳制度的考证

《春秋》当中有许多需要避讳的事情，又对专权者或不臣者加以贬斥。《经义述闻》在对具体条目进行考据时，亦加以讨论。

16.《春秋谷梁传》"无君之辞也"条，王引之考订"无君"之内容

引之谨案：《谷梁传》言"无君"者二。"隐三年，武氏子来求赙"，《传》曰："不言使何也？无君。"此谓桓王未即位，故曰无君也（见《注》）。"庄九年，公及齐大夫盟于暨"，《传》曰："大夫不名，无君也。"此谓齐人杀无知，尚未有新君也。言"无君之辞者三。"文八年，宋人杀其大夫司马"，《传》曰："司马，官也，其以官称，无君之辞也。"又"宋司城来奔"，《传》曰："司城，官也，其以官称，无君之辞也。""十五年，宋司马华孙来盟"，《传》曰："司马，官也，其以官称（《石经》及宋本作"其以"，俗本误作"以其"）无君之辞也。"盖谓其擅权专国，不知有君，故曰"无君"。无君之辞也者，谓经书司马司城，是箸其专擅无君之辞也。范泰说宋司马华孙曰："擅权专国，不君其君，缘其不臣，因曰无君。"故书官以见专。然则经八年之书司马司城，亦谓其专擅无君明矣。七年《传》曰："称人以杀，诛有罪也。"此宋人杀其大夫司马，亦称人以杀，则有罪可知。司城来奔亦有罪，不容于宋，可知所谓罪者，专擅无君之谓也，故书官以见之。而郑氏乃云"杀其司马，无君人之德"，非也。经既称人以杀，以明有罪，则非君之妄杀矣，何又责其无君人之德乎？

且八年、十五年，同一书官，同一无君之辞，而前后异训，无是理也。

今案：此条目为王引之考订《春秋谷梁传》有关"无君"之内容。王引之认为，《春秋谷梁传》中提及"无君"有两条：其一为"（隐公三年）秋，武氏子来求赙。"武氏之子为周王朝的大夫，之所以"不言使"，传文对其做出解释为"无君"，即此时周桓王未即位，不能封爵；其二为"（庄公九年）公及齐大夫盟于暨。"此处又"不名大夫"，传文解释此时齐国"无君"，齐人已杀其国君姜无知，故不述其大夫。以上两条王引之转述《春秋谷梁传》之传文，以示其在"不名即示无君"之例。后又有言"无君之辞"者三。"文八年，宋人杀其大夫司马"，《传》曰"司马，官也，其以官称，无君之辞也。""十五年，宋司马华孙来盟"，《传》曰："司马，官也，其以官称，无君之辞也。"盖谓其擅权专国，不知有君，故曰"无君"。"无君之辞也"者，谓经书司马司城，是箸其专擅无君之辞也。范泰说宋司马华孙曰："擅权专国，不君其君，缘其不臣，因曰无君。"故书官以见传。然而经八年之书司马思成，亦谓其专擅无君明矣。七年《传》曰："称人以杀，诛有罪也。"此宋人杀其大夫司马，亦称人以杀，则有罪可知。司城来奔亦有罪，不容于宋，可知所谓罪者，专擅无君之谓也。故史官以见之。而郑氏乃云"杀其司马，无君人之德"，非也。经既称人已杀，以明有罪，则非君之妄杀矣，何又责其无君人之德乎？且八年、十五年，同一书官，同一无君之辞，而前后异训，无是理也。

《春秋谷梁传》又有"无君之辞"三条：其一为"（文公八年）宋人杀其大夫司马。"因此时"无君"，故将其以官名称之；其二为"（文公十五年）三月，宋司马华孙来盟。"称司马之名，盖其专权，目无国君，但此时宋昭公仍在位，故此处"无君"为"专权无君"之义；其三为"（文公八年）宋人杀其大夫司马"。然王引之在考证时发现，前述文公八年，发现文公七年夏四月，宋人亦杀其大夫公孙国、公孙郑，亦称呼宋人所杀，表示被杀的人是有罪的。文公八年，宋国司城逃到鲁国，亦有罪。既然以官相承，则亦是"无君之辞"。

然郑君释之曰："七年杀其大夫，此实无君也。今杀其司马，无人君之德耳。"然文公八年即宋昭公元年，此时宋成公的弟弟、杵臼的叔父御发动政变，杀死宋成公之子、杵臼的兄弟太子和大司马公孙固，自立为宋国国君，史称宋后废公。不久，宋国人一起杀死宋后废公，拥立杵臼继位，是为宋昭公。此外还有"元年春王正月""十八年春王正月""此皆无公也""秦穆公"均是表现避讳。

（三）对于《公羊》灾异的考证

《春秋》当中的"灾异"意识，由来已久。所谓"灾异"，实际上就是自然界的异常现象，主要包括地震、洪水、火灾、日食等自然灾害。董仲舒认为"既然天人相类相通，互相感应，则天能干预人事……天的赏罚是依据人类行为好坏而施的"[①]。然而在《春秋》三传中，特别是《公羊传》，经常借灾异来强调"天人感应"，以灾异变化来推说天道政治。王引之在对传文进行典章制度的考据的过程中，也关注了此类现象，并专门列举。

17.《春秋公羊传》"公羊灾异"条，王引之考证"公羊灾异"之说

引之谨案：《公羊春秋》记灾异者数矣，自董仲舒推言灾异之应，（见《汉书·五行志》。）何休又引而申之，其说郅详且备。然寻检《传》文，惟宣十五年冬蝝生，有变古异常，应是而有天灾之语，其余则皆不言致此之由，亦不以为祸乱之兆。如"隐三年，日有食之"，何注曰："是后卫州吁弑君，诸侯初僭，鲁隐系获，公子翚进谄谋。""九年，大雨震电"，注曰："隐不还国于桓之所致。""大雨雪"，注曰："此桓将怒而弑隐公之象。"然《传》但云记异，未尝言某事所致，某事之象也。"隐五年，螟"，注曰："先是隐公张百金之鱼，设苛令急法，以禁民之所致。""桓元年，大水"，注曰："先是桓篡隐，百姓痛伤悲哀之心既蓄积，而复专易朝宿之邑，阴逆而与怨气并之所致。""五年，大雩"，注曰："先是桓公无王而行，比为天子所聘，得志益骄，去国远狩，大城祝丘，故致此旱。"然《传》但云记灾，未尝言某事之所致也。其他记灾记

---

① 梁宗华.汉代经学流变与儒学理论发展[M].济南：山东人民出版社，2018：92.

异者，不可枚举，而皆无一语及于感应，乃知《公羊》之学，惟据人事以明法戒，不侈天道以涉诪张，盖天人之际荒忽无常，君子于其所不知，盖阙如也。自董仲舒推言灾异之应，已开谶讳之先，何氏又从而祖述之，迹其多方揣测，言人人殊，谓之推广《传》文则可，谓之《传》之本指，则未见其然也。至于《谷梁》名言灾异者尤鲜，而刘向说"庄七年，恒星不见，夜中星陨如雨"曰"陨者，象诸侯陨坠失其所也；夜中而陨者，象不终其性命，中道而落"，说"僖十四年，沙鹿崩"曰"鹿在山下平地，臣象阴位也，崩者，散落背叛不事上之象"，说"十六年，六鹢退飞过宋都"曰"鹢，阳也，六，阴数也，象阳而阴行，必衰也"，说"昭二十五年，有鹳鹆来巢"曰"去穴而巢，此阴居阳位，臣逐君之象也"（以上并见范宁《注》），皆流入占验之学，而考之《谷梁传》文，则绝无此语，岂非王充《论衡》所谓语增者与？

今案：王引之陈述有三。首先，王引之认为《春秋》三传中的灾异学说主要体现在《公羊传》中，并且对《公羊》灾异也一直持怀疑态度，至于《谷梁传》，王引之认为"言灾异者尤鲜"，而《左传》则未提及。实际上，《春秋》三传对于灾异均有提及，左传中亦有"得梦启北首而寝于卢门之外"预言，但唯有《公羊传》将灾异与人事政治相联系，达到"以天道言政"的目的。其次，王引之对《公羊》灾异的内容进行了分析，发现只有《公羊传》宣公十五年记"冬，蝝生"可以称得上是灾异之语，而其他均不能被称为是祸乱的征兆。然而为何《公羊传》中如今却有众多灾异之言？两汉时期，以天灾言政事善恶的说经方式极大地启发了董仲舒，董仲舒借助阴阳五行学说，以灾异开谶纬之先河，形成了完整的"天人感应"学说。随后《公羊》学大师何休，又对灾异说进行了更又加以总结，在《春秋公羊传解诂》中扩充了灾异与人事的变动关系，在其看来，凡天降灾异，必与人事得失有关。最后，王引之对《公羊》灾异学说进行了评价。在王引之看来，所谓灾异阐述，大多是后世注疏加以扩展，非传本意。董、何二家以灾异来体现《公羊传》神秘特色的观点在后世经学家看来，已是相当绝对了。且王引之认为，何注在将灾异在与人事相联系之时，只探讨结果的联系而不分析原因，即使王引之尊崇古文经学，也毫不避嫌的评价"未见其然"。特别是何注将灾异均以人事言之，皮锡瑞在《经学历史》中就对此进行了批判，"或疑获麟制作，出自谶纬家言；赤鸟端门，事近荒唐，词亦鄙俚；《公羊传》并无明说，何休不应载入《解诂》。"因此，王引之对《春秋》灾异的看法，与后世相同，但董仲舒与何休的灾异谶纬，也都立足于当时的时代背景，并在汲取谶纬之书的基础上，有所创新，亦不可全篇否定。笔者在分析时，只辨别王引之对春秋灾异的学术研究，对于其他的内在影响，则王引之并未提及，本文亦不加以讨论。

四、对于人名解诂的考证

古人除姓与名外，还有字。其名往往与字之义相同、相近或相反，因此可以依据名字来考查字义。古人在很早就注意到人名与字的联系，最早可见于《白虎通》"闻名既知其字，闻字即知其名"，可见对人名训诂的考证亦是求古训的方式之一。而依据人名解诂，亦能以名字就经传，对经传有误之处进行辨正。

（一）以名、字互解

王引之受《说文解字》所引古人名字的启发，写成《春秋名字解诂》二卷附于《春秋左传述闻》之下。《春秋名字解诂叙》云："名字者，自昔相承之诂言也。《白虎通》曰：'闻名即知其字，闻字即知其名。'盖名之与字，义相比附，故叔重《说文》屡引人名字，发明古训，莫着于此。触类而引申之，学者之事也。"因此，以古文名字解诂以以义推义，也是一种比较常用的训诂方法。在《经义述闻》中，王引之从近义、反义等角度，在《春秋名字解诂》中对古人名字进行解释。

首先，《经义述闻》中对古人名与字的关系相近的情况进行了讨论。

18.《春秋名字解诂上》"鲁密不齐字子贱"条，王引之考释"不齐"与"子贱"的关系

不，语词。"不齐"，齐也。"贱"与"翦"通，《尔雅》曰："翦，齐也。"《说文》作"歬"，曰："齐断也。"字亦作"践"。《豳风·伐柯篇》"笾豆有践"，毛传曰："践，行列皃。"盖行列整齐之皃也。"翦齐也"之"翦"通作"贱"，犹《召南·甘棠篇》之"勿翦勿伐"，《韩诗》"翦"作"划"；（见《释文》。）《士丧礼下篇》之"缁翦"，今文"翦"作"浅"；《玉藻篇》之"弗身践也"，"践"当为"翦"矣。（并见郑《注》。）

今案：鲁密，名不齐，字子贱，为孔子弟子，《史记·弟子传》有载："鲁密不齐字子贱，少孔子四十九岁。""子"为尊称无实义，王引之在此条中训释"贱"字亦作"践"，为行列整齐之义，而"翦"作"浅"，同"贱"。《尔雅》中"翦"又与"齐"义相通，故证"贱"与"齐"同。此人名为"不齐"，"不"为语词而非否定词，《春秋名字解诂补义》言"不乃语词，鲁密不齐，楚任不齐，王氏并为语词是也"。因此鲁密之字"子贱"字义相通。

此外，还有古人的名与字词义相反的情况。

19.《春秋名字解诂上》"宋公孙周字子高"条，王引之考释"周"与"子高"的关系

"周"读为"輖"。輖，低也。《士丧礼记》"轩輖中"，郑注曰："輖，鸷鞊也。"（"鞊"，俗本讹作"垫"，今改正。）《考工记·辀人》"大车之辕挚"，郑注曰："挚，輖也。"（"挚"与"鞊"通。）《说文》："鞊，抵也。""抵"，古"低"字（《史记·天官书》"其前抵者"，《汉书·天文志》"抵"作"低"）。《广雅》曰："輖，鞊，低也。""輖"训为低，故字子高。

今案：公孙周名为"周"，王引之训释"周"读为"輖"，是"低"之义。而公孙周字为"子高"，"子"为尊称，无实义。因此"高"与"低"、名与字形成了相反的对比，解释了古人名与字相反的情况。

总体来说，王引之以名、字互证甚是精审，故后世皆依循王氏之法加以参证而解诂名字。有俞樾作《〈春秋名字解诂〉补义》、王萱龄作《周秦名字解诂附录》、陶方琦作《春秋名字解诂补谊》。而后黄侃又继俞樾《补谊》之后，对王引之阙而不说的二十五例名字进行考察增益。胡元玉《驳春秋名字解诂》及于省吾《〈春秋名字解诂〉商榷》亦对《春秋名字解诂》加以驳正。可见由王引之最先系统地从古人名与字的角度进行解诂，审辨一些难以解释的例子，发前人所未发。

（二）就名字正经传

王引之除了利用训诂学来说明古人名字外，还有就古人名字以正经传。

20.《春秋左传下》"琴张字子开名牢"条，王引之考证"琴张"之名为伪说

"琴张闻宗鲁死，将往吊之"，杜注曰："琴张，孔子弟子，字子开，名牢。"《正义》曰："《家语》云：'孔子弟子琴张，与宗鲁友。'《七十子篇》云：'琴牢，卫人，字子开，一字张。'则以字配姓为琴张，即'牢曰子云'是也。贾逵、郑众皆以为子张即颛孙师，服虔云：'案《七十子传》云子张少孔子四十余岁，孔子是时四十，知未有子张。'"引之谨案：贾、郑二家之说故无名征，王肃《家语》亦不足信。《家语序》曰："《语》云：'牢曰：子云，吾不试，故艺。'谈者不知为谁，多妄为之说。《孔子家语》弟子有琴张，一名牢，字子开，亦字张，卫人也。"是琴张名牢，乃王肃之臆说，伪托于《家语》者。杜氏不察而用之，疏矣。此及《孟子·尽心篇》作"琴张"，《庄子·大宗师篇》作"子琴张"，无作"琴牢"者。《论语·子罕篇》"牢曰"，郑注以"牢"为子牢，盖据《庄子·则阳篇》"长梧封人问子牢"之文，（司马彪《注》以"子牢"为琴牢。亦为《家语》所误。）然亦不以为琴张。牢与琴张不得合而为一也。《汉书·古今人表》有"琴牢"，亦当作"琴张"，后人据《家语》改之也。王肃《家语》未出以前，不得有"琴张名牢"之说。（辨见《汉书》。）

今案：孔子有弟子琴张，杜预注言琴张为"孔子弟子，字子开，名牢"，孔颖达正义亦引《孔子家语》《七十子篇》以字配姓称为琴张。而贾逵、郑众则认为子张为颛孙师，认为孔说无据。王引之考证《孔子家语》中有关琴张之论述，认为"琴张"此人之名字乃王肃的臆说，伪托《孔子家语》而述。而杜预不察，直接引用导致此处注文疏漏。而此论述亦从名字解诂的角度论证了《孔子家语》一书中确有不实之内容，为古书辨伪提供了依据。

第二节 训释方法

训释词义是解经最重要的途径，也是训诂学的中心内容。所以对于训释方法的讨论也是对于训诂方法的讨论。在本节中，笔者按照求义方法中的几类基本方法对《经义述闻》训释《春秋》三传词义的方法进行讨论，以便层次清晰地体现高邮王氏训诂方法的完整性。

一、因声求义

因声求义就是用音同或音近的字来训释字义，并推求语源。周大璞在《训诂学初稿》中就提出"释义的方法，指的是探求词语意义的方法。前人习惯地把它分为三类，即声训、形训和义训"①。周先生认为声训就是因声求义，就是通过语音来寻求语义，将"声训"归类为一种训诂方法。郭芹纳《训诂学》和赵振铎《训诂学纲要》也都提出了相同的观点。吴庆峰的《训诂方法新议》也是这种观点。但是周祖谟《汉语音韵学论文集》中指出，"声训是从词语的声音方面推求词义的来源，以音同或音近的词为训，说明其命名之所以然的训诂方式"，将"声训"归类为一种训诂方式。张永言《训诂学简论》亦是此种观点。训诂方法注重的是探求词义的途径。而训诂方式注重的探寻词义所采用的形式，也就是诠释的方式。在本节中，笔者依据前者所述，将"声训"定义为"用音同或音近的字来诠释字义"的一种训诂方法，从属于"因声求义"。

"声训"这种训诂方法起源很早，在先秦古籍中就时常可以见到，刘熙的《释名》就是声训的训诂学专著。但如果滥用声训，就会进入将语义和语音强加联系的误区。"汉代的声训主要是作者用来寻求宣扬政治学说的思想依据，

---

① 周大璞. 训诂学初稿 [M]. 武汉：武汉大学出版社，2008：224.

清代的因声求义侧重于对语言文字本体的研究"①。王氏父子在"就古音以求古义"的基础上，提倡因声求义的训诂方法，并引用语言文献以佐证，具有科学性。

（一）凭注音以求词义

后人注释古籍时，往往会对生僻字及难认字注音，亦会对多音多义字注音。这是因为"音随义转"，作注之人需要从音项中选取其中符合语义的一项。戴震就说过，"音声有不随故训变者，则一音或数义；音声有虽故训而变者，则一字或数音"。而王念孙也在《广雅疏证序》中提到，"窃以训诂之旨，本于声音。故有声同字异，声近义同；虽或类聚群分，实亦同条共贯"。可见"训诂之旨，本于声音"是高邮王氏家族训诂的基础，力求从语言的声音本身来研究词义发展的变化。因此，王氏父子在书中给常见字注音，其用意就是凭注音以辨词义。

21.《春秋左传上》"不能共亿"条，王念孙释"共"字读去声

〔十一年《传》〕"寡人唯是一二父兄，不能共亿，其敢以许自为功乎。"杜注曰："共，给。亿，安也。"家大人曰：杜训"共"为给、"亿"为安。给与安各为一意，则文不相属。今案："共"字当读去声。"共亿"，犹今人言相安也。一二父兄不能共安，犹下文言"寡人有弟不能和协"也。言寡人尚不能安同姓之臣，而况敢以许为己有乎？

今案：根据《汉语大词典》，"共"当读为去声时，有"共同，共同具有或承受"之意。杜注训"共"为给，多是当作平声"通'供'。供给"之义。故王氏父子分辨字音，明确"共"之读音，并训"共亿"为"相安、共安"之义。可见不懂得注音辨义，就不能对经传之文有着详细的理解。

---

① 段雪璐.训诂方式与训诂方法的区分——以"声训"和"因声求义"为例 [J].湖北理工学院学报(人文社会科学版)，2013，30(01):77-80.

22.《春秋左传下》"乐"条，王引之释"乐"字当如字读

〔昭〕九年《传》"晋侯饮酒，乐。"释文："乐，音洛。"引之谨案："乐"当如字读，谓平公饮酒而乐作也。（古者谓作乐为乐，故《檀弓》云："是月禫，从月乐。"）下文屠蒯酌以饮工曰"辰在子卯，谓之疾日，君彻宴乐，女弗闻而乐，是不聪也"，正指此"乐"字而言，《檀弓》戴此事云"平公饮酒鼓钟。杜蒉曰（即屠蒯）'子卯不乐'"，是其明证矣。此与元年郑伯宴赵孟饮酒乐不同，《释文》音"洛"，非也。《檀弓》"忌日不乐"，说者亦误读为"哀乐"之"乐"，辩见《檀弓》。

今案："晋侯饮酒，乐"一事，释文释音为"洛"，按《广韵》之音为"卢各切"，应为今音"快乐"之"乐"。王引之认为，应"当如字读"，即读本音，"乐曲"之"乐"，言平公饮酒而作乐。下文亦有"君彻宴乐，女弗闻而乐"的表述，可见此处"乐"字应按照"乐曲"之"乐"读音，。《礼记·檀弓》中亦有"平公饮酒鼓钟"和"子卯不乐"的记载，二者前后对应，可证"乐"确为"作乐"之义。又有"忌日不乐"等表述，后人误读为"哀乐"之"乐"，此当错误。

（二）就古音以求古义

王氏父子在《经义述闻》中主张以古音求古义的训诂学见解，是为了解决文字通假和音义的关系。而要"因声求义"，必先要考证古音。后世注疏之误除个别因生僻难认而导致字音不明外，大部分都是不懂"以古音求古义"的方法。随着时代变化，原本相同相近的字音可能会变得因此不同不近，同理，原本不同不近的字音也可能会变得相同相近。而改变的字音。如果根据今音来"因声求义"，就会在训诂的初始阶段出现错误。王氏父子因此对"三传注"不识古音提出驳正。

23.《春秋左传中》"赦罪"条，王引之释"赦"字为"释"之义

十三年《传》："我襄公未忘君之旧勋，而惧社稷之陨，是以有赦之师，犹

顾赦罪于穆公。"引之谨案:"赦"与"释"同。(《魏策》:"信陵君使使者谢安陵君曰:'无忌,小人也,困于思虑,失言于君,敢再拜释罪。'")释,解也。故杜《注》曰:"晋欲求解于秦。""释"、"赦"古同声,故《说文》"赦"亦赤声。"赤"、"释"声相近也。又昭五年《传》"竖牛祸叔孙氏,使乱大从,杀适立庶,又拢其邑,将以赦罪"。"赦"亦与"释"同,谓分叔孙氏之邑以赂南遗,将以自释其罪也。《家语·正论篇》作"以求舍罪","舍"亦与"释"同。(《周官·占梦》"乃舍萌于四方",注:"舍,读为释。古者释菜,释奠多作舍字。"《乡饮酒礼》"主人释服"、《大射仪》"获而未释获",古文"释"并作"舍"。)

今案:王引之在这一条目中认为,"赦"与"释"上古音为同声。在《汉字古音手册》中,"赦"与"释"皆为"书铎"音,二字同声。故王引之以古音求古义,将"赦"训释为"释",即此解也。

此外,王氏父子还根据古韵部之字相通或相押来求证词义。

24.《春秋左传中》"鸠薮泽"条,王引之释"鸠"字读为"究"

"薳掩书土田,度山林,鸠薮泽。"杜注曰:"鸠,聚也,聚成薮泽,使民不得焚燎坏之,欲以备田猎之处。"引之谨案:"薮泽"乃天地自然之利,非人所能聚而成之也,不得云"聚成薮泽"。"鸠"当读为"究"。《尔雅》:"度、究,谋也。"《大雅·皇矣篇》曰"爰究爰度",究,犹度也。"度山林"、"究薮泽",皆取相度之义。"鸠""究"二字皆以九为声。《小雅·小弁篇》"不舒究之",与"醻"为韵,则"究"读若"鸠",故与"鸠"通。古字多假借,后人失其读耳,"究薮泽"者,度其出赋之多寡。故下文遂云"量入修赋",非以备田猎也。贾逵云"薮泽之地,九夫为鸠,八鸠而当一井"(见本篇《正义》),尤失经义。

今案:"鸠"字杜注释为"聚",而王引之则认为当读为"究"。为此王引之依据《诗经》的押韵规则,在《小雅·小弁篇》中证明"究"与"醻"证明

"鸠"与"究"二字皆以九为声。实际上，在《汉语古音手册》中，"鸠"与"究"皆为"见幽"音，二者相通。而"究"又与"度"义同，故"鸠"当训为"度"。

（三）破假借以求本字

假借在经典当中经常出现，然而"训诂学所要研究的假借，一般不是指造字假借，也不是指久借不归的用字假借，而是指某些词有常用的正字而不用，却临时借用音同或音近的字这种语言现象，也可称作临时借用的用字假借"[①]。古音通假的广泛运用，就始于王氏父子。故王引之在《通说下》中提出"经文假借"："至于经典古字声近而通，则有不限于无字之假借者，往往本字见存，而古本则不用本字而用同声之字，学者改本字读之则怡然理顺，依借字解之则以文害辞。是以汉世经师作注有'读为'之例，有'当作'之条，皆由声同声近者以意逆之而得其本字，所谓好学深思，心知其意也。然亦有改之不尽者，迄今考之文义，参之古音，犹得更而正之，以求一心之安而补前人之阙。"王氏父子将语音与词义结合起来，从而摆脱了文字形体的限制，但并不是强加相通，而是在"字有假借，则改其读"的基础上进行训释。

25.《春秋左传上》"波及晋国"条，王引之释"播"字读为"播"

〔二十二年《传》〕"其波及晋国者，君之余也。""波"字杜无注。家大人曰："波"读为"播"。郑注《禹贡》云："播，散也。"言散及晋国者也。"波"与"播"古字通。《禹贡》"荥波既猪"，马、郑、王本并作"荥播"。《周官·职方氏》"其浸波溠"，郑注云："波，读为播。"《管子·君臣篇》：夫水，（句）波而上，尽其摇而复下"，言水播荡而上，尽其动摇而复下也。《庄子·人间世篇》"言者，风波也。行者，实丧也。夫风波易以动，实丧易以危"，"风波"与"实丧"对文，言风播则易以动，实丧则易以危也。《外物篇》"鲋鱼对庄周曰：我东海之波臣也"，司马彪云："谓波荡之臣。""波荡"即播荡也。

---

① 薛正兴. 王念孙 王引之评传 [M]. 南京：南京大学出版社. 2008：216.

司马相如《上林赋》"山陵为之震动，川谷为之荡波"，"荡波"与"震动"对文。张衡《西京赋》"河渭为之波荡，吴岳为之阤堵"，"波荡"与"阤堵"对文。荡波即波荡，波荡犹播荡耳。此皆古人借"波"为"播"之证，学者失其读久矣。

今案：王引之将"播"读为"播"，是将二字看作通假字，并在后文中举出《周官》《管子》《庄子》《上林赋》《西京赋》等例，以此证明"波"字通"播"，是为散播之意。

26.《春秋左传上》"呼"条，王引之释"呼"字读为"吁"

文元年《传》"呼，役夫"，杜注曰："呼，发声也。"释文："呼，好贺反。"引之谨案："呼"即"吁"字。《说文》："吁，惊也。"《尧典》"帝曰：吁"，传曰："吁，疑怪之辞。"《庄子·在宥篇》"鸿蒙仰而视云将曰吁"，释文："吁，亦作呼。"《檀弓》"曾子闻之，瞿然曰呼"，《释文》"呼"作"吁"。(《月令》"大雩帝"，郑注曰："雩，吁嗟求雨之祭也。"《周官·女巫》疏引郑《苔林硕难》曰："董仲舒曰：'雩，求雨之术，呼嗟之歌。'")是"吁""呼"古字通也。吁乃惊怪之声。《檀弓》注以为虚愈之声，亦非。

今案：杜预注"呼"为"发声"之义，释文注"呼"为"好贺反"。王引之认为，"呼"即为"吁"字。《说文解字》中就有"吁，惊也"，《尚书·尧典》之传言"吁"为"疑怪之辞"，《庄子·在宥篇》之释文言"吁，亦作呼"，《礼记·檀弓》之释文言"呼"作"吁"。因此"呼"字通古"吁"字，是惊怪之声。《檀弓》注认为"吁"为虚愈之声，非此意。

27.《春秋左传下》"鲁君世从其失"条，王念孙释"失"字读为"佚"

〔昭〕三十二年《传》："鲁君世从其失，季氏世修其勤，民忘君矣"。释文："从，子用反。""失"字无音。家大人曰："失"读为"佚"("佚"字又作"逸")。"佚"与勤正相反，言鲁君世纵其佚以失民，季氏世修其勤以得民也。古多以"失"为"佚"(见《九经古义》)。

今案："鲁君世从其失"中的"失"字，释文未注音。王引之引王念孙之语，释"失"读为"佚"字，即二字为通假。"佚"字之义与"勤"字相反，故此文言"鲁君世从其失，季氏世修其勤"。古人多借"失"为"佚"字。

28.《春秋公羊传》"色然"条，王引之释"色"字读为"歃"

哀六年《传》"诸大夫见之，皆色然而骇"，何注曰："色然，惊骇貌。"释文："色然，如字，本又作垝，居委反，又或作危。"引之谨案："色"者，"歃"之借字也。《一切经音义》卷九："歃，所力反。《埤苍》云：'恐惧也。'《通俗文》：'小怖曰歃。'《公羊传》云'歃然而骇'是也。"《集韵》'歃，恐惧也'，亦引《春秋传》'歃然而骇'，与何本不同，盖出王愆期、高龙、孔衍三家《注》也。"垝"、"危"皆色之讹，犹"脃"之讹为"脆"矣。

今案："色然"一词，何休注为"惊骇"的样子，释文言"色"字当本音读，本字作"垝"，又作"危"。王引之认为，"色"字，当为"歃"字的借字。《一切经音义》中注"歃"为"所力反"，引《埤苍》为恐惧之意。又引《通俗文》中言"小怖曰歃"，也就是《公羊传》中的"歃然而骇"。《集韵》中"歃，恐惧也"之解，也是引自《春秋》中的"歃然而骇"，但与何注不同，大概是引自王愆期、高龙、孔衍三家之注。王引之认为，"垝"字与"危"字都是"色"字之讹，就像"脃"字讹为"脆"字一样。"色"字应解为"歃"，是通假字。

上文的例子，在《经义述闻》中还有很多，笔者依据《通说下》所举之例，加以补充，共得王引之探寻《春秋》三传内通假五十七例：

借"易"为"扬"，而杜注误训"易"为"借贷慢易"，说见《左传上》"天之不假易"；

借"诸"为"者"，而杜注误训"诸"为"子"，说见"蒬诸孤"；

借"波"为"播"，而杜注无注，说见"波及晋国"；

借"商"为"章"，说见"商密"；

借"径"为"经"，而杜注误训"径"为"行"，说见"昔赵衰以壶飧径馁而弗食"；

借"百"为"陌"，而杜注误训为"励"，说见"三百"；

借"呼"为"吁"，而杜注误训为"发声"，说见"呼"；

借"咸"为"减"，而传文误训"咸"为"皆"，说见"克灭侯宣多 咸黜不端"；

借"可"为"何"，辨见《左传中》"又可以为京观乎 不可以终"；

借"勉"为"免"，而颜师古误训"勉"为"懋勉"之"勉"，说见"赖前哲以免也"；

借"首"为"道"，而杜注误以行首为陈前，盟首为载书之章首，说见"疏行首"；

借"多"为"祇"，而杜注误以"多"为"多寡"之"多"，说见"多遗秦禽 多取费焉 多杀国士"、《公羊传》"君无多辱焉"；

借"旅"为"胪"，而杜注误训"旅"为"陈"，说见"商旅于市"；

借"萩"为"楸"，而《玉篇》误以"萩"为"蒿"，说见"雍门之萩"；

借"也"为"邪"，说见"也乎"；

借"药"为"疗"，而解者误分"药""石"为二，说见"药，石也"；

借"没"为"昧"，而杜注误以"没没"为沈灭之言，说见"何没没也"；

借"逞"为"盈"，而杜注误以"逞"为"尽"，说见"不可亿逞"；

借"鸠"为"究"，而解者误以"鸠"为"聚"，说见"鸠薮泽"；

借"疆"为"礓"、"潦"为"磟"，而孙毓误以为疆界有流潦，说见"数疆潦"；

借"义"为"仪"，而杜注误以"义"为从宜，说见"妇义事也"；

借"谆"为"訰"，而解者误以为重顿之貌，说见"谆谆焉如八九十者"；

借"靖"为"旌"，而杜注误训"靖"为"安靖"之"靖"，说见《左传下》

"不靖其能 请免之以靖能者";

借"董"为"动"、"振"为"震"，而杜注误训"董"为"正"、"振"为"整"，说见"董振择之";

借"举"为"与"，而正义误训为"举朝群臣"，说见"寡君举群臣";

借"亨"为"享"，而杜注误训"亨"为"通"，说见"亨神人"条;

借"议"为"仪"，而杜注误训"议事"为"临事"，说见"议事以制";

借"恪"为"格"，而朱熹《诗经集传》误训"涉恪"为"涉降"，说见"涉恪";

借"斩"为"惭"，而杜注误训"斩"为"斩衰"之"斩"，说见"孤斩焉在衰绖之中";

借"形"为"刑"，而杜注误训为"随器而制形"，说见"形民之力";

借"犹"为"由"，说见"曰义也夫 犹义也夫";

借"取"为"聚"，而杜注误训"取人"为"劫人"，说见"取人于萑苻之泽";

借"志"为"识"，说见"宣王有志 失志为昏;

借"闲"为"干"，而杜注误训"闲"为"闲错"之"闲"，说见"以闲先王";

借"宿"为"佰"、"坻"为"氐"，而杜注误训"宿"为"安"、"坻"为"止"，说见"官宿其业 物乃坻伏";

借"肄"为"隶"，而杜注误训"肄"为"劳"，说见"若为三师以肄焉";

借"失"为"佚"，说见"鲁君世从其失";

借"备"为"服"，而正义误训为"仪物之备"，说见"备物典策";

借"小"为"少"、"帛"为"白"，而贾注误训"少帛"为"杂帛"，说见"少帛";

借"惎"为"基"，而杜注误训"惎"为"毒"，说见"惎闲王室";

借"皋"为"咎"，而杜注误训"皋"为"缓"，说见"鲁人之皋 使我高蹈"；

借"故"为"固"，而疏借"故"为"忽"，说见《公羊传》"则突可故出而忽可故反"；

借"臂"为"辟"，而释文误音必赐反，说见"臂搬仇牧"；

借"易"为"只"，而释文误以为"易轮辙"，说见"一本又作易轮"；

借"茅"为"旄"，而何注误以为用茅，说见"左执茅旌"；

借"躬"为"穷"，而何注误以"躬"为身，说见"潞子之为善也躬"；

借"殆"为"治"，而何注误以"殆"为疑，说见"往殆乎晋"；

借"多"为"祇"，说见"君无多辱焉"；

借"睋"为"俄"，而何注误以"睋"为望，说见"睋而曰"；

借"色"为"歊"，而何注以"色然"为"惊骇"，说见"色然"；

借"填"为"殄"，而范注误以为填厌，说见《谷梁传》"诛不填服"；

借"苞"为"俘"，而范注误以"苞"为制，说见"苞人民"；

借"唯"为"虽"，说见"以为唯未易灾之余而尝可也志不敬也"；

借"倚"为"奇"，而范注误以为依倚，说见"倚诸，桓也"；

借"与"为"予"，说见"是何与我之深也"；

借"正"为"政"，而范注以"正"为"政教"，说见"出恶正也 正在大夫也"；

借"闇"与"瘖"，说见"下闇"。

（四）明转语以求训诂

"转语"是指语词因声音有变转而别为一意义相通的语词。清代戴震就根据这种规律，阐发了转语理论。王氏父子在其著作中，大量运用"转语""一声之转"这类的训释方法来解决训诂问题。

29.《春秋左传下》"露其体"条，王念孙释"露"字为"羸"

〔昭元年《传》〕"于是乎节宣其气，勿使有所壅闭湫底，以露其体"，杜注曰："湫，集也。底，滞也。露，羸也。壹之则血气集滞而体羸露。"家大人曰：露，犹疲也，愈也。体羸露。家大人曰，露犹疲也、愈也。《吕氏春秋·尽数篇》曰："形不动则精不流，精不流则气郁郁。处头则为肿为风，处耳则为损为聋，处目则为蔑为盲，处鼻则为鼽为窒，处腹则为张为疛，处足则为痿为蹷。"然则气郁而不宣者，体之所以愈也，故曰"勿使有所壅闭湫底，以露其体"。《方言》曰："露，败也。"《管子·五辅篇》曰："振罢露，（"罢"与"疲"同。）资乏绝。"《秦策》曰："诸侯见齐之罢露。"是"露"为疲愈之义，"露"、"羸"一声之转，故《广雅》曰"疲、羸、憀（与"愈"同。）极也。"《列子·汤问篇》"气甚猛，形甚露"，张湛曰："有胆气而体羸虚。"是"露"即"羸"也。《孟子·滕文公篇》"是率天下而路也"，赵注曰："是率导天下之人以羸路也。"（今本"羸路"作"羸困之路"，此后人不晓"路"字之义而妄改之也。案：《音义》曰"丁、张并云路与露同"，又所列注文内无"困之"二字，今据删。）《吕氏春秋·不屈篇》"士民罢潞"、《秦策》"士民潞病于内"，高注并曰："潞，羸也。""路"、"潞"皆与"露"同，故杜言"体羸露"也。《正义》不晓"露"字之义，乃云"肌肤瘦则骸骨露"，又云"羸露是露骨之名，其义与倮相近。倮，露形也。羸，露骨也"，皆失之。

今案：杜注训"羸"即为"羸备"之义。从《广韵》的语音体系上说，"露"为"洛故切"，而"羸"为"力为切"。虽然二字在中古时期已不同声亦不同韵，但二字上古时期皆属于"来"母。所以王引之引家大人之语，分析"露"之所以训为"羸"，当是上古时期在声母相同的情况下造成的，属为一声之转。故"露"当为"羸备"之义。

30.《春秋公羊传》"通可以已也"条，王引之释"通"字为"道"之义

〔僖〕"三①十一年夏四月，四卜郊，不从，乃免牲，犹三望"，《传》曰："犹者何？通可以已也。""通"字何氏无注。引之谨案：通之为言犹道也。道，言也，道可以已，言可以已也。故文六年《谷梁传》曰："犹之为言可以已也。"《汉书·刘向传》曰："臣诚见阴阳不调，不敢不通所闻。""通所闻"，道所闻也。《夏侯胜传》上谓胜曰"先生通正言，无惩前事"，颜师古注："通，谓陈道之也。"是"通"与"道"同义。"道"、"通"一声之转，"道言"之"道"转为"通"，犹"通达"之"通"转为"道"矣。（襄三十一年《左传》"大决所犯，伤人必多，不如小决使道"，杜注："道，通也。"《法言·问道篇》亦曰："道也者，通也。"）

今案：关于"犹三望"中的"犹"字为何义，《公羊传》认为是"通可以已"之义。然而"通"为何义，何休未注。王引之认为，"通"字相当于"道"，为"言"之义。"道可以已"，即为"言可以已"。《谷梁传·文公六年》有"犹之为言可以已也"，以证王说。王引之又引《汉书·刘向传》"不敢不通所闻"，其中"通所闻"解释为"道所闻"之义。《夏侯胜传》有亦有"先生通正言"，颜师古注"通"为"陈道"。王氏父子论证"道"与"通"是为一声之转，"道"转训为"通"，犹如"通达"之"通"转训为"道"。

二、以形索义

汉字是表义系统的文字，因此我们可以从汉字的结构来推求字义。汉字的字形是最能够体现汉字的原始含义的，而通过对字形的分析，也就是"以形索义"，是根据汉字的特点而建立起来的一种方法，这为训诂方法的科学化提供了依据。以形索义也叫"形训"。因为汉字是表意文字，所以字的形体与字义有着密切的联系。自训诂学产生以来，各家都把它当做一种重要的训诂方

---

① 家刻本作"二"，今改。

法。早在春秋战国时期，以形索义就已经出现了，如《左传·宣公十二年》中的"止戈为武"。东汉许慎撰写的《说文解字》是一部以形索义的训诂学专著，在以形说义与以正字形方面给了王氏父子诸多启发，但"以形索义"在《经义述闻》中使用并不多，大多是通过对于汉字的表意符号来审视词义。

31.《春秋左传中》"谓之饕餮"条，王念孙释"饕餮"二字皆从"食"

〔文〕十八年《传》"天下之民谓之饕餮"，贾逵、服虔、杜预并曰："贪财为饕，贪食为餮。"家大人曰：按《传》曰"贪于饮食，冒于货贿，侵欲崇侈，不可盈厌，聚敛积实，不知纪极，天下之民，谓之饕餮"，是贪财、贪食总谓之饕餮。"饕"、"餮"一声之转，不得分贪财为饕、贪食为餮也。《吕氏春秋·先识篇》曰："周鼎著饕餮，有首无身，食人未咽，害及其身。"盖饕餮本贪食之名，故其字从食，因谓贪得无厌者为饕餮耳。"

按："饕餮"二字形旁从"食"。《说文解字》言"饕"字，"从食，号声"。又言"餮"字作"飻"，为"从食，殄省声"。王念孙根据"饕餮"二字形体上的联系，证明"饕餮"为贪财、贪食之义。又依据"一声之转"言二字不可分开释义。

三、依义推义

词义包括词的本义和引申义，一个词的最初的含义称作本义，以本义为出发点词由本义产生出引申义。而依义推义正是根据本义和常用义推出引申义和生僻义来训释，又叫"引申推义"。其推义的依据是词义，因此依义推义也是训诂学中探求词义的一个重要方法。历代训诂家对古籍里的词义引申现象一向十分重视，并进行过细致的考察和具体的研究，他们不仅探索本义这个词义引申的起点，整理由本义的特点所决定的引申义列，而且还凭借某些引申规律，运用这种引申系列，来推求词的新义项或论证新义项的合理性。在这方面，清代乾嘉时期的训诂大师们做出了尤其出色的成绩。《经义述闻》中，王引之能够根据词义的规律引申关系，而藉助此方法来训释词义。这种方法也被称为"引申推义"。

32.《春秋左传上》"以亢其雠"条，王念孙释"亢"为扞蔽之义

〔僖二十八年《传》〕"背惠食言以亢其雠。"杜注曰："亢，犹当也。雠，谓楚也。"家大人曰：杜训"亢"为当，故以"雠"为楚，其实非也。（《周官·马质》"纲恶马"，郑司农曰"纲，读为"以亢其仇"之亢。亢，御也，禁也"，则自先郑已误解。）此言"亢"者，扞蔽之意，"亢其雠"，谓亢楚之雠也。楚之雠，谓宋也。亢楚之雠者，楚攻宋而晋为之扞蔽也。《晋语》曰"未报楚惠而抗宋"，是其明证矣。（韦注："抗，救也。"《说文》："抗，扞也。""抗"与"亢"通。《列子·黄帝篇》释文曰："抗或作亢。"）凡扞御人谓之亢，为人扞御亦谓之亢，义相因也。昭元年《传》曰"苟无大害于其社稷，可无亢也"，又曰"吉不能亢身，焉能亢宗"（杜注"亢，蔽也"），二十二年《传》曰："无亢不衷，以奖乱人"，皆是扞蔽之义。

今案：所谓"亢"之义，杜注言"亢"为"当"之义。此与《宣公十三年》"而亢大国之讨"杜注训为"御"同理。而王引之所释"亢"为"扞蔽"，是与孔颖达《正义》曰："扞者，扞御寇难，故为蔽也"相同。而此处王引之依义推义，言"扞御人谓之亢，为人扞御亦谓之亢"，是言御人为"亢"之义，而引申为被御亦为"亢"。

33.《春秋左传下》"易之亡也"条，王念孙释"易"为疾速之义

〔昭二十九年《传》〕"范氏、中行氏其亡乎，中行寅为下卿而干上令，擅作刑器，以为国法，是法奸也，又加范氏焉，易之亡也。"杜注曰："范宣子《刑书》，中既废矣，今复兴之，是成其咎。"正义引刘炫曰："范氏取搜之法，以为国制，虽则为非，书已废矣，纵应有祸，亡衅已歇，今荀寅更述其事，又加增范氏之恶焉。范氏已欲免祸，今复改易之而使亡。"家大人曰：杜、刘、孔三君皆未晓"易"字之义而强为之词，非《传》意也。（孔氏巽轩《经学卮

言》读"易"为"难易"之"易"，亦非。）今案："易之亡也"四字作一句读。易者，疾也，速也，言中行寅擅作刑器以召祸，又加以范氏之旧恶，是速之使亡也。《史记·天官书》"填星，其居久，其国福厚，（句）易，（句）福薄"，徐广曰："易，犹轻速也。"《汉书·天文志》"大白所居，久其国利，（句）易，（句）其乡凶"，苏林曰："易，疾过也。"是古谓疾速为易也。引之谨案："《孟子·梁惠王篇》"深耕易耨"，"易耨"，亦谓疾耨也。（"易"读如字。赵《注》"易耨芸苗，令简易也"，孙奭《音义》"易，以豉切"，皆失之。）《管子·度地篇》曰"大暑至，利以疾耨，杀草秽"，是其证。《齐语》曰"深耕而疾耰之，以待时雨"，义亦同也。（《吴语》"一日惕，一日留"，韦注："惕，疾也。留，徐也。""惕"与"易"声近而义同。）后人不知"易"有疾速之义，故或以为改易，或以为简易，望文生训，而古义遂失其传矣。

今案："易之亡也"，杜预注释为"成就"，孔颖达引刘炫之语，释为"改易"。王引之引家大人之语，杜预、刘炫、孔颖达皆不解《传》意。王引之认为，"易之亡也"当读为一句，"易"字引申为"疾速"之义。言中行寅之所做作为，加速其灭亡。

四、据境证义

据境证义又叫"观境为训"，就是根据词语所处的语言环境，以推求词语的准确解释。词语具有两种存在状态，一种是抽象的，一种是具体的。据境证义正是依据语言环境，将抽象的语言状态训释为具体的语言状态。《经义述闻》中也非常注重使用此种训诂方法。

（一）文义比对

在部分词中，会出现二字词义相同或相近的情况，王氏父子根据句子上下相因的情况，可以训释正确字义。

34.《春秋左传上》"灭德立违"条，王引之释"违"为"邪"之义：

〔桓二年《传》〕"今灭德立违"，杜注曰："谓立华督违命之臣。"家大人曰：违，邪也，与"回邪"之"回"声近而义同。（《小雅·鼓钟篇》"其德不回"，毛传："回，邪也。"《大雅·大明篇》"厥德不回"，毛传："回，违也。"《尧典》"静言庸违"，文十八年《左传》作"靖谮庸回"，杜注："回，邪也。"昭二十六年《左传》"君无违德"，《论衡·变虚篇》作"回德"。）"立违"，谓立奸回之臣。上文曰"昭德塞违"，（《正义》曰："昭德，谓昭明善德，使德益章闻也。塞违，谓闭塞违邪，使违命止息也。"案：孔以"违"为违邪，是也；而又云"使违命止息"，则以杜言违命而迁就其说耳。）下文曰"昭违乱之，赂器于大庙"，又曰"君违，不忘谏之以德。是违为邪也"，故下文又曰"国家之败，由官邪也"。六年《传》曰："上下皆有嘉德而无违心，谓无邪心也。"襄二十六年《传》曰："正其违而治其烦，谓正其邪也。"昭二十年《传》曰："动无违事，谓无邪事也。"二十六年《传》曰："君无违德，谓无邪德也。"《周语》曰"动匮百姓，以逞其违"、《晋语》曰"若有违质，教将不入"，韦注并曰："违，邪也。""灭德立违"与"昭德塞违"正相反，则"违"非违命之谓也。华督之事，岂止于违命而已乎？

今案："灭德立违"，杜预注言此为"立华督违命之臣"。王引之引家大人之语，认为"违"与"回"同属"脂"字，所以"声近义同"，因此"立违"是指立"奸回之臣"。此外，王念孙还教授王引之以"上下文校字释义"，依据上下文义，上文言"昭德塞违"，下文又言"昭违乱之""君违，是违为邪也""国家之败，由官邪也"等。因此王引之判断"违"为"邪"之义，"立违"即立奸回之臣，非杜注之义。

（二）同义连用

同义连用是两个或两个以上意义相同或相近且词性相同的词并列连在一起使用而形成的一种并列式结构。

35.《春秋左传上》"厖凉"条，王引之释"厖凉"皆为"杂"之义

家大人曰：闵二年《传》"厖凉，冬杀，金寒，玦离"，上字与下字义并相因。厖既为杂，则凉亦为杂也。《说文》："犚，白黑杂毛牛也。""㹁，犚牛也。《春秋传》曰：'犚㹁。'"又曰："醶，杂味也。""犚"与"厖"同义，"㹁"、"醶"与"凉"同义，是犚、㹁皆杂也。

今案："厖凉"一词，王引之引王念孙之语，认为二字"义并相因"。因此文中"冬杀""金寒""玦离"三组词上下二字皆有一定意义联系，因此"厖"既为"杂"之义，则"凉"字亦当有"杂"之义。《说文》中有"犚，白黑杂毛牛也""㹁，犚牛也"。《春秋传》也有"犚㹁"的表述，又释"醶"为"杂味"。因此"犚"与"厖"同义，而"㹁""醶"与"凉"同义，考据出"犚""㹁"皆为"杂"之义。

（三）异文同义

经典之中，同样的语句出现在不同的书中，由于流传甚久，往往会出现异文。因此，运用校勘的方法，针对异文来据境证义，在清代成为了一种具有说服力的训诂方法。

36.《春秋左传上》"天之不假易"条，王念孙释"假易"为宽纵之意

〔桓〕十三年《传》"见莫敖而告诸天之不假易也"，杜注曰："言天不借贷慢易之人。"家大人曰："假易"，犹宽纵也。天不假易，谓天道之不相宽纵也。僖三十三年《传》传曰："敌不可纵。"《史记·春申君传》"敌不可假"，《秦策》作"敌不可易"。是假、易皆宽纵之意也。（《贾子·道术篇》曰："包众容易之谓裕。"是易与宽容同义。）《广雅》曰："假，扬也。""扬"与"易"古字通。

今案：王念孙从《左传》"敌不可纵"、《史记》"敌不可假"、《秦策》"敌不可易"中的异文，校读后证明"纵""假""易"三字异文同义，皆是"宽纵"之义。又引《广雅》"假，扬也"为佐证。然而异文同义的基础在于异文之间的关系是异体字、假借字或同义字的关系，王念孙将此三字强为训诂，似是不妥。

五、明修辞以求词义

古人在著书的过程中，往往会使用修辞来使文章更加丰富。在乾嘉时期，虽然没有形成完整的修辞体系，但王氏父子能够运用修辞学知识来训释词义。

（一）相对为文

在古文中，由于上下对偶或相对成文，其语法结构相同，文义也往往相同或相对。因此，依据语境中语言的前后承接关系，可以对对文进行训诂。

37.《春秋左传下》"以约为利"条，王引之释"约"字为"利"之义

〔定四年《传》〕"鑢金初宦于子期氏，（今本"鑢"讹作"炉"，据《释文》《唐石经》改。）实与随人要言，王使见，辞曰：'不敢以约为利'"，杜注曰："此约，谓要言也。"引之谨案：杜以上文"乘人之约"为乘人之穷困，故别之曰："此约，谓要言也。"其实"约"与"利"相对为文，仍谓穷困耳。昭二十八年《传》"居利思义，在约思纯"，"约"与"利"亦相对，言因楚子穷困而得见，则是以"约"为利。《檀弓》曰"父死之谓何？又因以为利"，文义与此相似。陆粲《左传附注》曰"不敢乘君父困约之时以为利"，是也。

今案：王引之训"约"为"利"，因"约"与"利"是对文，文义当相同。故二字当属近义词。此是语句内的相对为文，此外，还有排比句中的对文，亦能够训释。

（二）训连语以求音义

"连语"指的就是联绵词。王念孙在《读书杂志》中指出，"凡连语之字，皆上下同义，不可分训，说者望文生义，往往穿凿而失其本旨"。这说明连语是双音节词。在《经义述闻》中，王氏父子贯彻"就古音以求古义"的原则，在训释连语时，往往通过双声、叠韵的语音变转来考虑，以表明音义相统一。

38.《春秋左传中》"谓之饕餮"条，王念孙释"饕餮"为贪财贪食之义

〔文〕十八年《传》"天下之民谓之饕餮"，贾逵、服虔、杜预并曰："贪财

为饕，贪食为饕餮。"家大人曰：按《传》曰"贪于饮食，冒于货贿，侵欲崇侈，不可盈厌，聚敛积实，不知纪极，天下之民，谓之饕餮"，是贪财、贪食总谓之饕餮。"饕"、"餮"一声之转，不得分贪财为饕、贪食为餮也。《吕氏春秋·先识篇》曰："周鼎著饕餮，有首无身，食人未咽，害及其身。"盖饕餮本贪食之名，故其字从食，因谓贪得无厌者为饕餮耳。"

今案："饕餮"一词，稍有注疏家意识到这是双声连语，故在训释的时候往往单独训释"贪财为饕、贪食为餮"，则词义的本质未获正解。王引之引家大人之语，从连语的双声语音变转的现象出发。"饕餮"本是贪食之义，故二字训释时不可割裂，应为贪财贪食之总称。以上之例为双声连语，此外还有叠韵连语。

39.《春秋左传中》"冯陵我城郭"条，王念孙释"冯陵"为叠韵连语

〔襄八年《传》"冯陵我城郭"〕杜注曰："冯，迫也。"家大人曰：冯，亦陵也。"冯"、"陵"叠韵，不得分为二义。十三年《传》"君子称其功以加小人，小人伐其技以冯君子"，杜彼注云："加，陵也。冯，亦陵也。"《尔雅》："冯河，徒涉也。"《小雅》"不敢冯河"，毛传云："冯，陵也。"正义曰："陵波而渡，故训冯为陵。"《周官·大司马》"冯弱犯寡则眚之"，郑注云："冯，犹乘陵也。""乘"、"陵"亦叠韵。"

今案："冯陵"本是指"侵犯"之义，此例出自《襄公八年》，杜注不识连语，故将"冯"单独训释。王引之引用家大人之语，认为"冯"与"陵"同属"蒸"韵，是叠韵连语，不能割裂。又引《襄公十三年》中杜注"冯，亦陵"及《周官》郑注"冯，犹乘陵"之佐证，说明二字同义，不可分训。

六、通虚词以求文义

虚词在汉语中占有重要地位，它是汉语语法的主要表现手段之一。然而虚词所表现的意义比较抽象，它的的语法功用主要是联系实词和句子结构。因此

在经典中，虚词的训释关系到对于经传的理解。王氏父子在长期的考据实践中，积累了丰富的虚词训释经验。王引之在《通说下》"语词误解以实义"中，就提出"经典之文字各有义，而字之为语词者，则无义科研，但以足句耳。语词而以实义解之，则扞格难通。余曩作《经传释词》十卷，已详箸之矣"。需要注意的是，虚词的考证方法虽然诞生于训诂学，但是又跟语法学关系密切。

40.《春秋左传中》"卒偏之两 以两之一卒"条，王引之释"之"为助词

〔宣十二年《传》〕"广有一卒，卒偏之两。"服注曰："百人为卒，言广有卒为承也。五十人曰偏，二十五人曰两，广既有一卒为承，承有偏，偏有两。故曰卒偏之两。"（见《夏官·叙官·大司马》疏。）……今案："卒偏之两"者，百人为卒，五十人为偏，两偏则一卒，故曰"卒偏之两"，言一卒之数，乃偏之两也。偏五十人，两之则百人，欲明卒是百人，故曰"卒偏之两"耳。服误以"两"为二十五人，则与"之"字文义不合。"

今案：在此条中，若按服注所解"卒"为一百人，"偏"指五十人，"两"为二十五人，则"卒偏之两"之义不通。因此，若要正确理解文义，则应当明确"之"字之义。王引之在《经传释词》中就言"之，言之间也，若"在河之洲"之属是也。常语也"。则按照现代汉语理解，"之"字当为结构助词，言"卒为偏之两倍"。服注不识"之"字之义，将"卒""偏""两"三字并列，是误也。王引之将"之"释为助词，将"两"释为两倍，则很好地辨析了"卒"与"偏"的数量关系。

七、利用古书旧注

《经义述闻》中用来训释的语言材料很多，古书旧注便是其中的一种。王氏父子在训释的过程中，广泛使用了古书旧注例证，来核实文献语言。以上例证往往是后世注解家用心揣摩总结而来的，故具有一定的可信度。

42.《春秋左传中》"无动"条，王引之释"动"为震惊之义

〔宣〕十一年《传》"谓陈人无动"，"动"字杜氏无注。引之谨案："动"谓惊惧也。昭十八年《传》"将有大祥，民震动"，"震动"犹震惊也。《商颂·长发篇》"不震不动"，郑笺曰："不可惊惮也。"《尔雅》曰："震、惊，惧也。""震，动也。"文十五年《公羊传》"其实我动焉尔"，何注曰："动惧失操。"宋衷注《春秋纬》曰："惊，动也。"（见《文选·羽猎赋》注。今俗语犹云"惊动"。）义并相通。《史记·陈世家》作"谓臣曰无惊"，是其证矣。《孟子·尽心篇》"王曰无畏"，文义与此相似。

今案：王引之训释"动"，是引《左传》昭公十八年"将有大祥，民震动"一语，将"动"训为震惊。又据《诗经》郑笺、《尔雅》和《公羊传》何注、《春秋纬》宋注，以及《史记·陈世家》和《孟子·尽心篇》为佐证，以证明"动"训为震惊。此类方法也一直是后世训诂家以义推义的基础。

第三节　训释价值

《经义述闻》最大的价值在于校勘和训诂方面，又以训诂最精。其解释之精密，考证之严密，无论是在训诂学还是在《春秋》学的研究上，都有着非常重要的影响。本节从"训诂方法和理论的突破"和"词义训释范围的广泛"两方面窥一斑而知全豹，对《经义述闻》中的训释价值进行讨论。

一、训诂方法和理论的突破

在对《春秋》三传进行训释的过程中，王氏父子运用了多种训释方法，不仅有因声求义、以形索义、以义推义、据境证义等传统训诂方法，还综合运用修辞、虚词、古书旧注来探求词义。多种训诂方法的使用，不仅使训释词义更加有理有据，而且可以相互证明。如"饕餮"一词，既使用了"以形索义"的训诂方法，探寻饕餮"从食"，又从"一声之转"的角度利用连语说明二字不可割裂，当是贪财贪食之总称。但后世之人在对王氏训诂方法和理论进行总结时，大多关注与父子二人大量使用的训诂方法，而忽略了对训诂理论的突破。

在以上诸类训诂方法中，对训诂理论贡献最大的便是王氏父子"以声音通训诂"的训诂方法。《经义述闻》中不止一次地提到"训诂之旨，存乎声音"。王引之利用声音来通训诂，探寻语言内部的规律，得出了有据的结论。而这其中最大的突破，当属"破其假借之字而读以本字"。《经义述闻》复述王念孙之语，言"字之声同声近者，经传往往假借"，王引之正是依据这一理论，来"因声求义，不限形体"。在《经义述闻》对《春秋》三传的训释中，王氏父子探寻了 57 例通假，在考订假借字方面略有成效，创造了较为科学的训诂方法。

在对待语音的态度上，王引之也突破了前人未注意语言时代性的局限，以发展的眼光看待语音的变化这一现象，并利用"以古音以求古义"的方法，将古音学引入到训诂学之中。虽然此方法是王引之承袭其父王念孙《广雅疏证》和《读书杂志》而来，但亦在对《春秋》三传词义训释的过程中得以运用。运用古音在训诂领域进行训释，是王氏父子历史语言观的表现。而此类因声求义的方法，亦是"训诂之旨，本于声音"的体现。与此相同，王引之在校勘当中有"因古字相近而误"的表述，体现了他的历史性观念。

此外，王氏父子对词义引申现象十分重视，并进行过细致的考察和具体的研究。在释义过程中，不仅探索本义，而且整理由本义的特点所决定的引申义，还凭借某些引申规律来论证新义项的合理性。为求得论证的严密性，王氏父子还打破了许慎《说文解字》以来训诂学多重形不重音的局限，从形音义三个方面来分析字形、审视音韵，综合训释词义，考证《春秋》三传经文中的被前人注疏所误解的词义。又尝试依据上下文义、异文同义、相对为文及古书旧注等方面来综合论证，为了训释词义往往列举汉唐众家之说。力求能够做到继承前人成果，以纠正讹误。

以上训诂方法和理论的突破，可以见得王引之不仅深得王念孙训诂之精髓，并且能够有自己的领会与发展。又不拘前人之说，以系统的方法研究词义，对语言的本质有了更深入的认识。而《通说》体现的王引之训诂成果，对于后世学者进一步探究王氏父子训诂方法给予方便。不论是学术还是治学，都成为训诂学史上宝贵的精神财富。不怪乎王力先生称赞王氏父子的著作是"标志着中国语言学发展的一个新阶段"的。

二、词义训释范围广泛

如果说"训诂方法和理论的突破"体现了《经义述闻》中训诂的深度，那"词义训释范围广泛"则体现了其广度。《经义述闻》"用小学说经、用小学校经"，在"辞书训诂"和"注疏训诂"的基础上，发挥了"札记式训诂"的方式，所取内容虽然有所取舍，但训释范围亦十分广泛。王引之在《经义述闻》自序中就言："见古人之训诂，有后人所未能发明者，亦有必当不正者，其字之假借又必当改读者，不揆愚陋，辄取一隅之见附于卷中。"可见其词义训释范围是相当广泛的，这也是王引之在训释《春秋》三传的独特价值。

《春秋》三传历经两千多年的发展，不仅在经文训释方面有所争议，而且部分名物和礼法亦已不可考。王氏父子在训释时使用多种训诂方法和理论，突破了传统语言学家对于古注的盲目崇拜，又扩大了词义训释的范围，对名物典章、礼法谶纬以及名字解诂等方面都有着广泛的训释。《经义述闻》不仅着力于小学训诂，更对正经义、释名物、解礼法方面有着独特的见解，旁征博引，使文义"较然易明"。

第四章

《经义述闻》考据《春秋》经传得失

考据作为研究文献或历史的一种方法，在先秦典籍流传开始时就已经产生，并在乾嘉时期大盛。这种方法在《经义述闻》中就有着明显的体现。王氏父子运用丰富的材料，对《春秋》经传中的校勘和词义训释进行了系统而翔实的研究。在本章中，笔者立足于《经义述闻》中与《春秋》经传有关的部分，从"考据的成功"和"论证的缺失"两部分其考据《春秋》经传得失。

第一节 考据的成功

王氏父子作为清代乾嘉学派考据学的代表人物，学识渊博、涉猎广博，并对校勘、训诂有颇多创见，在对《春秋》经传进行校勘与词义训释的过程中运用了很多新方法、新思路有着全面而深刻地分析。孙钦善即指出，王氏父子"就精审而言，在小学、校勘的成就及其学风的谨严等方面是非常突出的，在清代考据家实难有过之者"①。在本书第二章第三节、第三章第三节中，笔者分别探讨了王氏父子校勘、训释《春秋》的价值。从总体来看，最能够表现《经义述闻》考据成功的方面就在于"相对朴学的考据独创""实事求是的治学作风""严谨有序的条目结构"。

一、相对朴学的考据独创

考据学是中国传统文献研究的基本方法，也是乾嘉学派最为著名的治学方法。清代乾嘉时期，朴学大兴，其中以王氏父子的成就最为突出。父子二人学术来源广博且汲取众长，其成就被看做是乾嘉学派中的小学派顶峰。在王氏父子对《春秋》经传进行研究的过程中，运用了新颖的考据方法，将朴学推进到一个新的阶段，王氏父子也被阮元誉为"海内无匹""独绝千古"。相对乾嘉学派的朴学传统，王氏父子在《经义述闻》中有四点学术独创。本部分即以王引之为例，探讨王氏父子相对朴学的考据独创。

首先，以小学校勘经学。王引之承袭家学，自幼便跟随王念孙苦学。年少时学习声音、文字、训诂之学，又跟随乾嘉学派名师学习朴学校经之法。王引之独擅经学，"用小学说经，用小学校经"是他对乾嘉时期治学特点的总结，

---

① 孙钦善.中国古文献学史[M]，北京：中华书局，1994：102.

在校勘方面有三处贡献。其一，王引之使用多种校法，求得正解。王引之曾自述"吾以小学校经"，这也是乾嘉学派内理校派的理论根据，但是在校勘当中采用王引之使用"对校法""本校法""他校法"及"理校法"多种校勘方法，从语言入手，运用文字、音韵、训诂等小学理论来发现问题、订正讹误。此外，王引之还擅长于据理推断，更能依照各种版本及相关资料详尽补正。此法优势在于，若手边无其他资料相对，依照语言规律亦能以求得正解。其二，王引之在校勘过程中亦能判断致误之由，并加以总结。在《通说下》中王引之就总结了"衍文""形讹""上下相因而误""上文因下而省""增字解经""后人改注疏释文"六例校勘总结，笔者又对本节中所举条目加以总结，分为"校误字""删衍文""补脱文""乙倒文""理错简""后人改注疏释文"和"纠正他书讹误"七类。足以见得王引之对《春秋》三传传文校勘归纳的概括性和理论性，并且在分析时也利用了小学知识和文献常识。在乾嘉时期小学仍是经学的附庸，王引之利用校勘来解释经文，从而发现致误之由，促进了清代校勘学理论的形成和发展。其三，王引之在校勘考证的过程中，并不是见疑就改，而是有所改，有所不改。王引之富有学习精神与创造精神地提出"三勇改"和"三不改"原则，将校勘重点主要是放在了书体演变、椠工误刻及妄改经文上，同时又避免修改异体字、假借字及无据之椠刻致误，为后世校勘学树立了范例。

其次，王引之善于因声求义。虽然早在汉代人们就以声音为线索来推求词义，但直到清代，戴震首创"因声求义"和"音义互求"理论才使得音韵与训诂相结合，从而能够通晓词义。王氏父子作为乾嘉学派中以声音通训诂的集大成者，全面继承了"因声求义"的训诂方法，创立了"因声求义，不限形体"的文字训诂理论。并又有三点难得之处。其一，王氏父子提出了"声近义同"说，并将其运用在假借字的考证上，正如前章中所述王念孙提出的"窃以训诂之旨，本于声音。故有声同字异，声近义同。"所谓"训诂之旨，本于声音"就是指要以声音为线索，进行破假借。王引之将因声求义作为解决文字通假的钥匙，在《经义述闻》中分析出《春秋》三传中的假借字共有五十六条，占总条目数的七分之一，对考订假借字有着巨大的贡献。其二，王引之从古音着眼，因声求义探究连语的一声之转现象。由于连语作为一种双音节的单纯词不可分割，因此要探寻其语音与表义，祇可从古音入手，进而探寻双声叠韵或一声之转，表明音义统一。其三，王引之在考求语源时，运用因声求义的方法，探寻同源词之间的双声叠韵或旁钮对转。或从声符入手，表明音义之间的必然联系，探寻同源现象。

再次，王引之再次强调古人名字解诂。先秦时期古人的名与字有着密切的联系，因此古代训诂学家很早就运用古人的名字关系来探求语义。然而在《说文解字》后，少有人对名字解诂进行研究。直至王氏父子才真正利用古人名字材料来进行语义解说，并加以训释疏通。相较其他语言材料，"古人名字意义联系的客观性决定了名字解诂的客观性"①，因此在训释时更能体现词义之间的关系，后世乾嘉学者所著名字解诂之书，亦是受王氏父子启发。

最后，王引之有着初步的语法虚词观。王引之的语法观念主要体现在句法和虚词上，在继承王念孙的虚词学、辞章学的基础上，形成了近乎现代语法规范的虚词学。在训释虚词的过程中要做到"揆之本文而协，验之他卷而通"。不仅要区分出实词和虚词之间的关系，而且要探寻虚词起到的语法作用。其著作《经传释词》亦启发了后世学者。

二、实事求是的治学作风

王氏父子在《春秋》三传考据上的成功，还归因于其实事求是的治学作风。王念孙以"学问、人品、政事三者，同条共贯"为治学意见，深深影响了王引之的治学。王引之曾自言："吾著书不喜放其辞，第一事就本事说之，栗

---

① 肖晓晖. 试论名字解诂之原则及方向 [J]. 陕西师范大学学报 (哲学社会科学版)，2016，45(06):165–169.

然止，不溢一辞。"① 许嘉璐先生在为《经义述闻》撰写的弁言中也指出，"王氏父子之所以迄为士林所钦仰者，一为成就之大，一为治学精神之可贵。要言之，其所履行，'实事求是'四字而已。"② 以王引之为例，其在"实事求是"治学作风的影响下，有以下表现。

首先，王引之勤勉好学，治学严谨。王引之自幼跟随其父王念孙身边泛读经书，并熟读文字、音韵、训诂之书，日夕研求，无间寒暑。如此勤勉好学，造就了王引之能够在遇到难以解惑的问题时，就询问王念孙。正是因为受到了王念孙的影响，才造就了王引之治细致专一，锲而不舍的良好学风。王引之用毕生的精力来整理经典，为后世治学者提供了大量可靠的文献资料，在研究上也提供了很大的方便。这种精神对后来的学术研究和学者产生了很大的影响，也是今天很多学者学习的榜样。

其次，王引之敢于诘难，探寻真谛。王引之实事求是的治学作风的另一表现就在于他具有怀疑精神。这种怀疑精神使得王引之在校勘和训诂时能够不拘于古法，不隙守门户。在《经义述闻》中，王引之纠正前人误说之例不胜枚举，对于"三传注"等注疏中的所误之处进行一一驳正，且不囿于汉学禁锢，列举汉唐旧注，对大师级的经学前辈的观点提出纠正。

最后，王引之重视实据，证以成训。王引之对于《春秋》三传错讹之处的驳正并不是无据之谈，而是通过博考经传的方式，列举前人观点与他书佐证，从而提出自己的判断。进而发展出了一套以声音、文字、校勘各种学科为途径，以波澜、求证、推理为手段的独特的王氏治学方法。

---

① 龚自珍.工部尚书高邮王文简公墓表铭 [A].龚自珍全集 [M].上海：上海人民出版社，1975：175.

② 许嘉璐.《经义述闻》弁言 [A]. [清] 王引之.经义述闻 [M]，江苏：江苏古籍出版社，1985：7.

三、严谨有据的条目结构

王氏父子的著作大多为札记体裁。所谓《经义述闻》，就是王引之在读经时的读书摘记和心得体会。《经义述闻》中每一条目的字数从百余字到千余字不等，王引之都对其做了严谨的考证，或是对经文流传过程中出现的讹误进行校勘，或是将前人注疏训诂之误加以纠正，或是从典章制度方面对经义做出注解，使考证更加严明。

在条目的排列上，《经义述闻》按照《春秋》鲁国十二公的顺序来排列《春秋》经传之述闻，并在每卷遵守。在条目的内容上，《经义述闻》有着严格的结构，每个条目都由标目、引文、证明三部分组成，都极具目的性与具体性，为研读《春秋》经传之学者扫清障碍，促进对于经义的理解。在本节中，我们以《春秋左传述闻上》第一条"鸟兽之肉不登于俎"条为例进行条目结构分析：

鸟兽之肉不登于俎

隐五年《左传》："鸟兽之肉不登于俎，皮革、齿牙、骨角、毛羽不登于器，则公不射。"《释文》："鸟兽之肉，一本作其肉。"引之谨案：一本是也。此以"鸟兽"二字绝句，"其"字下属为义。言鸟兽固畋猎时所射，若其肉不登于俎，皮革、齿牙、骨角、毛羽不登于器，则公不射此鸟兽也，文义甚明。

在该条中，条目内容共分为"标目""引文""证明"三部分。

"鸟兽之肉不登于俎"即本条标目，也就是每个条目的名字，这是札记体裁所独有的。标目一方面可以使一条条札记得以分开，便于查找；另一方面也有利于点名所考证的问题。《经义述闻》的标目主要有词、短语或句子、多条短语三种类型。首先，当词作为标目时，一般是解释所列标目之义：如"呼"条训释"呼"为"吘"，"隰郕"条校勘"隰郕"为"隰城"。其次，当短语或句子作标目时，又有两种情况：首先，短语、句子本身就是要考证的问题，此种情况以校勘、经解居多，如上文中的"鸟兽之肉不登于俎"即是解释"既然鸟兽的肉不登于俎，那么鸟兽的皮革、齿牙、骨角、毛羽也不可以登于器"；还有短语、句子中包含要考证的字或词，此种情况以训诂居多，如"恶之易也"即是训"易"为"蔓延"。最后，多条短语同时作一个标目的，条目往往训释短语中共同的字，如"宋公不王 诸侯有王"条，则是训释"诸侯见于天子曰王"。

引文也是每一条笔记所不可缺少的内容，作为特殊的体裁，笔记不同于注、传、笺等，作者需要引用需要进一步解释的条目并加以考证。故王引之在每个条目开始之时，先引出原文并加之前人相应的注释。如上文中的"隐五年《左传》'鸟兽之肉不登于俎，皮革、齿牙、骨角、毛羽不登于器，则公不射'，释文'鸟兽之肉，一本作其肉。'"

证明即发现问题、解决问题的过程。《经义述闻》的具体考证，一般使用"引之谨案"或"家大人曰"等术语和引文隔开，提示下面是高邮二王的考据。考据又由两大部分组成，一是提出论断，二是证明论断。如上文中的"引之谨案：一本是也。此以'鸟兽'二字绝句……文义甚明。"需要注意的是，文中，王引之用"家大人曰"来阐述王念孙的观点，用"引之谨案""案""今案""又案"等来表明自己的观点。在具体条目中，有时单用"家大人曰"或"引之谨案"，有时几条按语并称。即使在有"家大人曰"的条目中，也往往附有王引之自己的"案"。且引用其父的观点多在校勘的条目中，在训诂及经解方面还是多为王引之自己的观点。

《经义述闻》中以严谨的结构、有序的排列、分明的层次来对《春秋》经传进行考据，并体现了论证的系统性与逻辑性。

第二节 论证的缺失

前文对《经义述闻》当中考据的成功进行了讨论，然而任何学者及专著的思想都有一个前修未密、后出转精的过程。许嘉璐先生在《〈经义述闻〉弁言》中就指出，《经义述闻》论证之失在三："一为轻言假借，遽改古书；二为以今律古，失于破碎；三为执偏概全，略欠通融。"[①] 张永言亦提出《经义述闻》在四方面不当之处："原文可通，而用'破读'，多此一举；常义可通，而求别解，弄巧成拙；过求一律，强此从彼，混淆视听；过求偶俪，滥用'对文'，无中生有。"[②] 有在笔者看来，《经义述闻》杂论证方面的缺失主要有"过分疑古，强改经典"以及"训诂含混，前后相悖"两方面。

一、过分疑古，强改经典

首先，对于校勘学来说，王氏父子之校勘的确出类拔萃，这得益于其对小学的精通。王氏父子在校勘过程中，能够随文释义，不仅从文义、字形等方面考察文义，而且能够辅以他书引文材料来纠正正文误字，确实不易。但父子二人在校勘中亦有过分疑古，有时会强加更改文义，或将部分文义不通之处认为是后世致误，坚持加以校勘，亦有所失。在对具体条目的校勘中，王氏父子在没有足够论据的情况下，仅凭疑古精神判定结论，或是根据自己的理解，强改经文，有失草率。如前文所论《春秋左传上》"以相及也"中，王引之仅凭《传》文判定"及"字有误，校"及"为"反"。仅凭证据来讨论误字问题，所持理由亦不充分。故在校误字偶尔会借改误字之名来修改文义，改字之后虽

---

① 许嘉璐.《经义述闻》弁言 [A]. [清] 王引之. 经义述闻 [M]，江苏：江苏古籍出版社，1985：7.

② 王章涛. 王念孙 王引之 [M]. 昆明：云南教育出版社，2009：53.

文义可通，但并非是著者本义。

其次，在辩误纠谬的过程中，王氏父子多好以类书相证，却不论证类书的来源是否可靠。类书是汇集群书而作，呈现在其上的材料往往是第二手材料，在传抄过程中亦会有错误。王氏父子仅仅依靠类书而不参考其他证据，这样往往会以误正误，得出错误的结论。朱一新《无邪堂答问》就有言，王氏父子"往往据类书以改本书，则通人之弊。若《北堂书钞》《太平御览》之类，世无善本，又其书初非为经训而作，事出众手，其来历已不可待。"①

王氏父子所在的乾嘉学派在辨识古书真伪和提倡疑古精神上是有很大贡献的，但乾嘉学派毕竟是清代文化专制下的产物，他们专攻汉学，其治学方法必然会带来厚古薄今，或者说厚汉薄宋的后果，我们必须批判性地对待。当然，《经义述闻》中绝大多数的成果都是可供我们借鉴，值得我们学习和提倡的。

二、训诂含混，前后相悖

首先，王氏父子有时将音译关系绝对化，甚至会误用"古音通假"或"一声之转"。在训诂方面，王氏父子提出的"就古音以求古义"的理论，打破了文字形体，能够求得假借。然而在部分训释实践中，王氏父子过分强调"因声求义"的实践作用，而忽视其负面影响。有时读音稍有联系，就通过转语来判定是非。导致将音义关系绝对化，将语音少有联系的语义联系起来，遇到能改之处则加以改之，从而过犹不及。需要注意的是，"声同义近"并不是所有假借现象的规律，一味地以声音来求证词义，难免会导致误破通假。《训诂学新论》中就言王氏父子有时会"误破假借，以致弄巧成拙"②。此外，误破假借的原因在于某些条目只言"某与某通"，或"某读为某"，仅凭语音相同或相近

---

① 朱一新. 无邪堂答问 [M]. 北京：中华书局，2000：75.

② 刘又辛，李茂康. 训诂学新论 [M]. 成都：巴蜀书社，1989：218.

就判别二字相通，难以让人信服。

其次，在具体训释词义的过程中，王氏父子有时前后观点不以，相互违背。如对于"一声之转"，既在"饕餮"条中用于指联绵词，又在"卿出并聘"条中指读音相近的同义词。使人混为一谈。当然，《经义述闻》在词义训释上的失误，既有当时语言学上的局限，也有王氏自身的原因，也是不能苛求的。

再次，王氏父子在考据的过程中，大量引用文献作证据。然对于所引内容之间的关系未能理顺，缺乏贯通，粗看之下，略显繁琐。而且很多问题往往脱离实际，为释义而释义，不关心现实。如前文所述王氏父子厚古薄今，过分疑古，也是脱离实际的一种表现。但这也是情有可原的：清朝施行思想钳制政策，使得很多学者只能埋头故纸堆中，而不敢对现实过多的评论。

最后，关于经义的义理方面，王氏父子几乎没有涉及，更极少创新，这也是思想钳制的后果。如若仿照汉代经学大儒郑玄，在注释经传时将训诂与义理结合，并在训诂的基础上探寻经传中的义理，则可更加利于其《春秋》三传经学思想的传播。而这一缺点，也导致《经义述闻》一书学问有余，思想不足。但瑕不掩瑜，王氏父子终身致力于训诂学的精神，都成为后世学者之学的楷模。

结　语

高邮王氏父子作为乾嘉汉学的代表人物，他们反对泥古墨守，主张在校勘和训诂方面创新，推动了清代汉学向"经世致用"的方向发展。"高邮王氏四种"中的《经义述闻》作为王氏父子校勘、训释群经的读书札记，在中国语言学史和清代学术史上有着重要的地位。通过对《经义述闻》中有关《春秋》经传的内容进行探讨，可以窥一斑而知全豹。既可以进一步了解王氏父子的校勘、训诂学理论，又能够以《春秋》为线索，探究王氏父子独特的《春秋》学思想。本文先对王氏父子的生平和学术进行了述略，后从校勘和词义训释两方面入手，对《经义述闻》中的《春秋》经传有关内容进行研究。

首先，要了解王氏父子的学术思想，必先对其生平和著述进行了解。特别是王引之，他出生在汉学世家，在家学熏染下具备了较为完整的经学与小学体系。成年后，王引之积极入仕，在入仕期间筹备完成了《经义述闻》与《经传释词》，二书体现了王引之在经典校勘和训释领域所取得的成果。而要探寻王引之经学与小学思想的来源，则脱离不了文化政策、家学传统、学派体系及交友求教等因素。王引之凭借其学术思想的实用性与时代性，也被后人誉为"乾隆间第一流之经学大师"和"博通古今的绩学之士"。

其次，笔者对《经义述闻》中的校勘和词义训释进行了细致的考察，这也是本文的讨论重点。王引之在其父王念孙《广雅疏证》和《读书杂志》的影响下，对经典进行了校勘与训释，提出条目可商榷之处。在校勘方面，《经义述闻》从脱、衍、讹、倒等方面对误字进行了校勘，总结出系统的致误原因。在训诂方面，王氏父子通过多种训诂方法，对前人注疏、名物典章、礼法谶纬、人名解诂进行训释。与重视《左传》的其他乾嘉学派古文学家不同，王氏父子对于《公羊传》和《谷梁传》也进行了综合的探讨，这是其一可取之处。王氏父子通过对考据学整体的把握，将校勘与训诂结合，同时又没有忽视对人名考据与典章制度的研究，这是其二可取之处。

《经义述闻》对《春秋》三传的研究，不仅成果显著，而且体例严密，在考据过程中取得了巨大的成功。《经义述闻》中不仅有着相对朴学的考据独创，而且有着实事求是的治学作风。但在论证中，出于乾嘉学派的通病，亦有着过分疑古导致强改经典的缺点，又训诂含混导致观点前后相悖，且思想性不足。但瑕不掩瑜，依然体现出高邮王氏治学的精深博大。

本文最后的《〈经义述闻〉勘考〈春秋〉条目集录》是在《经义述闻》基础上整理出的，虽然学术价值不大，却是王氏父子整理《春秋》三传的成果总结，难以割舍，放置最后。

综合来看，本文创新点如下：第一，观察角度创新，本文从《经义述闻》当中探寻王氏父子对于《春秋》经传的校勘与词义训释的成果，相较当代多关注于王氏训诂理论来说，是比较创新的；第二，论证思路创新，本文对校勘和训释的研究并不是笼统概括，而是从内容与方法等方面分别归纳，详细列举辨正。由于详尽的分析，本文也获取了一定的创造性成果，如对王氏父子校勘和训诂思想的总结，及其考据成果的辨正。

由于篇幅、时间及能力有限，本文亦有不足，比如部分校勘及训诂方法的归类不全，条目辨正的表述不明。希望通过本文，让世人对《经义述闻》中的《春秋》经传研究有所了解，并希望站在巨人的肩膀上，对王氏父子的校勘与训诂之法加以总结，弘扬治学精神，以不愧此研究。

参考文献

一、王氏父子著作

[1]［清］王引之. 经义述闻 [M]. 南京：江苏古籍出版社，2000.

[2]［清］王引之. 经传释词 [M]. 南京：江苏古籍出版社，2000.

[3]［清］王念孙. 读书杂志 [M]. 南京：江苏古籍出版社，2000.

[4]［清］王念孙. 广雅疏证 [M]. 南京：江苏古籍出版社，2000.

[5]［清］王念孙. 高邮王氏遗书 上虞罗氏辑本 [M]. 南京：江苏古籍出版社，
2000.

[6]［清］王引之. 经义述闻 [M]. 钱文忠等整理. 上海：上海书店出版社，2012.

[7]［清］王引之. 经义述闻 [M]. 虞万里主编，虞思征等校点. 上海：上海古籍
出版社，2017.

[8]［清］王引之. 经义述闻 [M]. 魏鹏飞点校. 北京：中华书局，2021.

二、古籍

[1]［清］段玉裁. 经韵楼集 [M]. 上海：上海古籍出版社，2008.

[2]［清］龚自珍. 龚自珍全集 [M]. 上海：上海人民出版社，1975.

[3]［清］纪昀. 文渊阁四库全书 [M]. 上海：上海古籍出版社，1987.

[4]［清］阮元. 十三经注疏 [M]. 北京：中华书局，2009.

[5]［清］王国维. 观堂集林 [M]. 北京：中华书局，1961.

[6] [清] 王筠. 清诒堂文集 [M]. 济南: 齐鲁书社, 1987.

[7] [清] 俞樾. 春秋名字解诂补义 [M]. 上海: 上海古籍出版社, 1996.

[8] [清] 俞樾. 古书疑义举例五种 [M]. 北京: 中华书局, 1956.

[9] [清] 朱一新. 无邪堂答问 [M]. 北京: 中华书局, 2000.

[10] [清] 俞樾. 古书疑义举例 [M]. 北京: 中华书局, 1956.

三、专著

[1] 北京图书馆出版社影印室. 乾嘉名儒年谱 [M]. 北京: 北京图书馆出版社, 2006.

[2] 晁岳佩. 春秋三传义例研究 [M]. 北京: 线装书局, 2011.

[3] 陈垣. 校勘学释例 [M]. 上海: 上海书店出版社, 1997.

[4] 单殿元. 王念孙王引之著作析论 [M]. 北京: 社会科学文献出版社, 2009.

[5] 杜泽逊. 文献学概要 [M]. 北京: 中华书局, 2008.

[6] 洪诚. 训诂学 [M]. 南京: 江苏古籍出版社. 1984.

[7] 胡朴安. 古书校读法 [M]. 南京: 江苏古籍出版社, 1985.

[8] 胡元玉. 驳春秋名字解诂 [M]. 上海: 上海古籍出版社. 1996.

[9] 黄侃. 黄侃论学杂着 [M]. 上海: 上海古籍出版社, 1980.

[10] 蒋伯潜, 蒋绍愚. 十三经概论 [M]. 上海: 上海古籍出版社, 2010.

[11] 李学勤. 十三经注疏 [M]. 北京: 北京大学出版社, 1999.

[12] 梁启超. 清代学术概论 [M]. 上海: 上海古籍出版社. 1998.

[13] 梁启超. 中国近三百年学术史 [M]. 上海: 上海古籍出版社, 1998.

[14] 梁宗华. 汉代经学流变与儒学理论发展 [M]. 济南: 山东人民出版社, 2018.

[15] 刘黎明. 《春秋》经传研究 [M]. 成都: 巴蜀书社, 2008.

[16] 刘盼遂. 高邮王氏父子年谱 [M]. 民国排印本.

[17] 刘尚慈. 春秋公羊传译注 [M]. 北京: 中华书局, 2010.

[18]陆宗达. 训诂简论 [M]. 北京：北京出版社. 1980.

[19]陆宝千. 清代思想史 [M]. 上海：华东师范大学出版社，2009.

[20]罗军凤. 清代春秋左传学研究 [M]. 北京：人民出版社，2010.

[21]闵尔昌. 高邮王氏父子年谱 [M]. 民国铅印本.

[22]倪其心. 校勘学大纲 [M]. 北京：北京大学出版社，2004.

[23]皮锡瑞. 经学历史 [M]. 北京：中华书局. 1959.

[24]钱穆. 中国近三百年学术史 [M]. 北京：九州出版社，2011.

[25]钱玄. 校勘学 [M]. 南京：江苏古籍出版社，1988.

[26]舒怀. 高邮王氏父子学术初探 [M]. 武汉：华中理工大学出版社，1997.

[27]孙锡芳. 清代《左传》学研究 [M]. 北京：中国社会科学出版社. 2017.

[28]舒怀. 高邮王氏父子学术初探 [M]. 武汉：华中理工大学出版社，1997.

[29]同道. 国学大师王念孙王引之评传 [M]. 北京：中国文史出版社. 2008.

[30]王琳妮. 春秋大义《春秋》三传选读 [M]. 上海：复旦大学出版社，2013.

[31]王叔岷. 校雠学 校雠别录 [M]. 北京：中华书局，2007.

[32]王欣夫. 文献学讲义 [M]. 上海：上海古籍出版社，2005.

[33]王章涛. 王念孙 王引之 [M]. 昆明：云南教育出版社. 2009.

[34]王章涛. 王念孙·王引之年谱 [M]. 扬州：广陵书社，2006.

[35]王钟翰. 清史列传 [M]. 北京：中华书局. 1987.

[36]翁长松. 清代版本叙录 [M]. 上海：上海远东出版社，2015.

[37]吴雁南. 清代经学史通论 [M]. 昆明：云南大学出版社，2001.

[38]萧一山. 清代通史 [M]. 北京：中华书局，1986：719.

[39]许子滨. 《春秋》《左传》礼制研究 [M]. 上海：上海古籍出版社. 2012.

[40]薛正兴. 王念孙 王引之评传 [M]. 南京：南京大学出版社. 2008.

[41]杨端志. 训诂学 [M]. 济南：山东文艺出版社. 1986.

[42]杨伯峻. 春秋左传注 [M]. 北京：中华书局，1990.

[43]杨向奎. 清儒学案新编 [M]. 济南：齐鲁书社，1983.

[44]叶树声，许有才. 清代文献学简论 [M]. 合肥：安徽大学出版社. 2004.

[45]俞嘉锡. 目录学发微 [M]. 北京：中华书局，2007.

[46]张寿安. 十八世纪礼学考证的思想活力——礼教论争与礼秩重省 [M]. 北京：
北京大学出版社，2005.

[47]张舜徽. 清代扬州学记 [M]. 上海：上海人民出版社，1962.

[48]张舜徽. 中国文献学 [M]. 上海：上海古籍出版社，2005.

[49]赵尔巽. 清史稿 [M]. 北京：中华书局. 1977.

[50]赵伯雄. 春秋学史 [M]. 济南：山东教育出版社，2004.

[51]赵航. 扬州学派概论 [M]. 扬州：广陵书社，2003.

[52]赵生群.《春秋》经传研究 [M]. 上海：上海古籍出版社，2000.

[53]赵生群. 春秋左传新注 [M]. 西安：陕西人民出版社，2008.

[54]赵生群. 左传疑义新证 [M]. 北京：人民文学出版社，2013.

[55]赵振铎. 训诂学纲要 [M]. 成都：巴蜀书社，2003.

[56]郑天挺. 明清史资料 [M]. 天津：天津人民出版社，1980.

[57]郑鹤声. 中国文献学概要 [M]. 上海：上海古籍出版社，2001.

[58]周大璞. 训诂学初稿 [M].，武汉：武汉大学出版社. 2007.

[59]（美）艾尔曼. 从理学到朴学：中华帝国晚期思想与社会文化 [M]. 南京：江
苏人民出版社，1995.

[60]（日）竹添光鸿. 左传会笺 [M]. 沈阳：辽海出版社，2008.

三、期刊

[1]蔡根祥.《左传》"实难"一词用例训诂之探讨 [J]. 经学研究集刊第九期：115-
142.

[2]蔡文锦. 论王氏父子学术研究的方法论意义 [J]. 扬州职业大学学报，2009，

13(01)：30-33.

[3]陈焕良. 古书文例在训诂中的运用 [J]. 中山大学学报（社会科学版），1991，(03)：137-145.

[4]陈思坤. 传统训诂学与语境研究 [J]. 云梦学刊，2002，(03)：106-108.

[5]陈亚平. 清人"因声求义"述评 [J]. 玉溪师范学院学报，2005，(04)：78-82.

[6]陈艳龙，钱宗武. 高邮王氏父子的历史语言观和系统语言观 [J]. 集美大学学报（哲学社会科学版），2015，18(02)：109-113.

[7]陈艳龙，钱宗武. 高邮王氏父子的语言观刍议 [J]. 盐城工学院学报（社会科学版），2015，28(01)：43-46.

[8]陈艳龙. 论高邮王氏父子的语用观 [J]. 河北广播电视大学学报，2015，20(01)：35-38.

[9]程毅中. 古代校勘学的得失与当代古籍整理 [J]. 传统文化与现代化，1993，(04)：84-92.

[10]崔发展. 乾嘉汉学之"实事求是"话语权的起兴 [J]. 燕山大学学报（哲学社会科学版），2010，11(04)：53-58.

[11]董恩林. 论王念孙父子的治学特点与影响 [J]. 古籍整理研究学刊，2007，(03)：73-77.

[12]郭明道. 王氏父子的校勘学：思想、方法和成就 [J]. 社会科学家，2006，(02)：181-184+188.

[13]郭鹏飞. 《经义述闻·春秋左传》辨正七则 [A]. 传统中国研究集刊（九、十合辑）[C]. 上海社会科学院历史研究所，2012：11.

[14]郭鹏飞. 王引之《经义述闻·春秋左传》商榷两则 [J]. 汉语史学报，2013，(00)：325-330.

[15]郭倩. 于细微处见真知——浅谈王引之《经义述闻》对古代思想史研究的启示 [J]. 历史教学（下半月刊），2015，(11)：37-39.

[16]韩陈其，立红. 论《经义述闻》的语法观 [J]. 扬州大学学报（人文社会科学版），2003，(06)：43-47.

[17]韩陈其，立红. 论《经义述闻》的语义观——《经义述闻》的语言学思想研究 [J]. 华中科技大学学报（社会科学版），2003，(04)：98-101.

[18]韩陈其，立红. 论循境求义——《经义述闻》的语言学思想研究 [J]. 盐城师范学院学报（人文社会科学版），2003，(02)：103-107.

[19]韩陈其，立红. 论因声求义——《经义述闻》的语言学思想研究 [J]. 北京理工大学学报（社会科学版），2004，(01)：36-39.

[20]何会. 宾组龟腹甲首刻卜辞契刻位置研究 [J]. 甲骨文与殷商史（新九辑），2019，(10)

[21]何九盈. 乾嘉时代的语言学 [J]. 北京大学学报（哲学社会科学版），1984，(01)：78-89.

[22]黄树先，钱萌萌. 段王学术风格略论 [J]. 广西师范大学学报（哲学社会科学版），2018，54，(05)：93-99.

[23]姜蕾.《经义述闻》修辞惯例训诂 [J]. 安徽文学（下半月），2009，(12)：272-273.

[24]姜广辉. 乾嘉考据学成因诸问题再探讨 [J]. 哲学研究，2008，(11)：52-61.

[25]蒋冀骋，邱尚仁. 从《经义述闻》看王氏父子的治学方法 [J]. 江西师范大学学报，1987，(01)：42-46.

[26]金小春. 王念孙"连语"说等四种释例及重评 [J]. 杭州大学学报，（哲学社会科学版），1989，(01)：80-87.

[27]金永健. 高邮王氏校释《左传》的学术思想与方法 [J]. 扬州文化研究论丛，2012，(01)：45-51.

[28]孔定芳，林存阳. 清代学人的价值取向与乾嘉考据学的形成 [J]. 哲学研究，2017，(06)：56-65.

[29] 孔定芳，王新杰. 乾嘉考据学的展开路径及其发展演变三阶段 [J]. 学术界，2017，(11)：211-220.

[30] 雷平. 从经学复兴到乾嘉考据学派的形成 [J]. 湖北大学学报，（哲学社会科学版），2008，(06)：106-110.

[31] 雷平. 近十年来大陆乾嘉考据学研究综述 [J]. 史学月刊，2004，(01)：119-124.

[32] 李丽.《经义述闻》训诂方法举证 [J]. 西安文理学院学报（社会科学版），2009，12(01)：22-24.

[33] 刘春龙，周仁忠. 叩访高邮王氏父子故居 [J]. 江苏地方志，2014，(04)：63-64.

[34] 刘黎，郭芹纳. 乾嘉考据学源起之新探 [J]. 社会科学家，2010，(08)：37-40.

[35] 刘如瑛，李德先. 从《经传释词》看王引之的治学 [J]. 扬州师院学报，（社会科学版），1984，(04)：47-52

[36] 鲁一帆. 高邮王氏父子著述小考 [J]. 图书馆理论与实践，2015，(08)：66-67.

[37] 罗思鼎. 论乾嘉考据学派及其影响 [J]. 学术月刊，1964，(05)：20-30.

[38] 马振亚. 王氏父子与训诂实践 [J]. 东北师大学报，1984，(04)：61-66.

[39] 苗江磊. 从《经义述闻》订《国》《左》看高邮二王的考据方法 [J]. 淮南师范学院学报，2017，19(02)：54-57.

[40] 彭慧. 王氏父子古书通假字发明的成就与不足 [J]. 信阳师范学院学报（哲学社会科学版），2012，32(03)：83-87.

[41] 漆永祥. 乾嘉考据学新论 [J]. 北京大学学报（哲学社会科学版），2013，50(03)：104-111.

[42] 祁龙威. 关于乾嘉学者王念孙 [J]. 学术月刊，1962，(07)：55-58.

[43] 卿磊. 乾嘉学派经学诠释学方法的体认与价值重估——以现代西方诠释学方法论为参照 [J]. 社会科学研究, 2015, (01): 199-202.

[44] 邱洪瑞. 试论"以意逆志"的考据方法——以《经义述闻·春秋左传》上、中、下为例 [J]. 郑州大学学报（哲学社会科学版）, 2014, 47(03): 114-116.

[45] 施兴和, 房列曙. 乾嘉考据学派对 20 世纪新历史考据学的影响 [J]. 史学史研究, 2007, (01): 51-57.

[46] 宋秀丽. 读《经义述闻》[J]. 贵州大学学报,（社会科学版）, 1985, (01): 75-82.

[47] 孙钦善. 古代校勘学概述,（上）[J]. 文献, 1981, (02): 237-248.

[48] 孙钦善. 古代校勘学概述,（下）[J]. 文献, 1981, (03): 235-255.

[49] 汪保忠. 论王引之《经义述闻》的学术贡献 [J]. 贺州学院学报, 2011, 27(03): 47-49.

[50] 汪小琴. 中国校勘学学科体系发展研究综述 [J]. 图书馆学刊, 2010, 32(08): 106-109.

[51] 王华宝. 扬州学派研究的重要成果——简评薛正兴先生着《王念孙王引之评传》[J]. 扬州文化研究论丛, 2009, (01): 161-166.

[52] 王江武, 高瑞杰. 董仲舒"灾异"说之确立 [J]. 云南大学学报（社会科学版）, 2016, 15(02): 39-46+111.

[53] 王俊义. 论乾嘉学派的学术成就与历史局限 [J]. 社会科学辑刊, 1991, (02): 93-99.

[54] 王世伟. 校勘家派别略论 [J]. 江苏图书馆学报, 1985, (03): 66-69.

[55] 王挺斌.《春秋名字解诂》补正 [J]. 中国典籍与文化, 2018, (01): 122-126.

[56] 王小莘. 王氏父子"因声求义"述评 [J]. 华南师范大学学报,（社会科学版）, 1988, (04): 85-92.

[57]王彦坤. 王引之注《左传》一失 [J]. 学术研究, 1986, (03): 76.

[58]王有红. 学术原因是乾嘉汉学兴盛的根本原因 [J]. 长安大学学报, (社会科学版), 2003, (03): 6-8.

[59]魏慈德. 从出土文献用例看王氏父子校读古书的得失 [J]. 出土文献与古文字研究, 2018, (00): 395-421.

[60]吴明刚. "高邮二王"学术再讨论 [J]. 北方论丛, 2016, (03): 89-92.

[61]吴庆峰. 训诂方法新议 [J]. 汉语史研究集刊, 2003, (00): 380-394.

[62]相宇剑, 赵慧芳. 《经义述闻》的修辞学成就 [J]. 中山大学学报论丛, 2002, (06): 155-156.

[63]肖晓晖. 试论名字解诂之原则及方向 [J]. 陕西师范大学学报（哲学社会科学版）, 2016, 45(06): 165-169.

[64]谢俊涛, 张其昀. 《经义述闻》因文求义说略 [J]. 语言科学, 2008, (04): 430-436.

[65]胥思省. 乾嘉考据学成因综述 [J]. 中外企业家, 2011, (12): 268-270.

[66]阎素华. 《经义述闻》研究综述 [J]. 语文学刊, 2010, (07): 73-74.

[67]杨世铁. 清代校勘学兴盛的语文学原因试析 [J]. 古籍整理研究学刊, 2007, (06): 84-86.

[68]叶树声. 论清儒校书 [J]. 淮北煤师院学报, (社会科学版), 1989, (03): 47-56+76.

[69]叶树声. 论清儒整理文献 [J]. 阜阳师范学院学报, (社会科学版), 1993, (04): 82-89+95.

[70]叶树声. 乾嘉校勘学概说 [J]. 安徽大学学报, 1989, (04): 99-107.

[71]叶树声. 王念孙父子校书特点概说 [J]. 山东图书馆季刊, 1993, (02): 38-43.

[72]于省吾. 从古文字学方面来评判清代文字、声韵、训诂之学的得失 [J]. 历史

研究，1962，(06)：135-144.

[73] 于佳敏，曹书杰. 家风纯正世世传　家学渊源代代修——析王念孙、王引之父子训诂成就 [J]. 牡丹江师范学院学报，(哲学社会科学版)，2018，(02)：92-101.

[74] 虞万里. 王氏父子著述体式与《经义述闻》著作权公案 [J]. 文史，2015，(04)：121-182.

[75] 袁正兰. 高邮王氏父子与《高邮王氏四种》[J]. 新世纪图书馆，2013，(11)：93-96.

[76] 张劲秋. "据境索义"概谈 [J]. 安徽教育学院学报，(社会科学版)，1992，(02)：40-43.

[77] 张其昀，谢俊涛. 论音义关系与训诂之因声求义 [J]. 扬州大学学报，(人文社会科学版)，2008，(02)：67-72.

[78] 张素凤.《经义述闻》指瑕三则 [J]. 唐山师范学院学报，2008，(04)：1-4.

[79] 张宪华. 高邮王氏训释《左传》之方法及特点 [J]. 社科纵横，2013，28(09)：124-127.

[80] 张小丽. 论王念孙王引之父子的治学特色 [J]. 贵州社会科学，2006，(02)：157-160.

[81] 赵航. 贯通经训两硕儒——"扬州学派"研究之二 [J]. 扬州师院学报，(社会科学版)，1983，(03)：115-119.

[82] 赵宣，单殿元. 王引之《经传释词》编撰思想述论 [J]. 山东图书馆学刊，2011，(02)：98-101.

[83] 钟如雄. "转语"方法论 [J]. 西南师范大学学报，(人文社会科学版)，2003，(06)：158-161.

[84] 宋鲲鹏. 清高邮王氏父子的训诂研究 [J]. 开封教育学院学报，2011，31(02)：38-39.

四、学位论文

[1] 曹秀华.《经义述闻》词义训诂方法初探 [D]. 曲阜师范大学，2007.

[2] 姜蕾.《经义述闻》语境训诂研究 [D]. 曲阜师范大学，2010.

[3] 王辉. 从《经义述闻》看王引之的训诂方法 [D]. 陕西师范大学，2006.

[4] 朱昌荣. 皖派朴学述论 [D]. 安徽师范大学，2003.

[5] 阎素华.《经义述闻》的训诂体例和训诂方法 [D]. 兰州大学，2006.

[6] 王勇. 论乾嘉时期非考据学派学者对考据学的批评 [D]. 北京大学，2005.

[7] 李福言.《广雅疏证》因声求义研究 [D]. 武汉大学，2014.

附 录

《经义述闻》勘考《春秋》经传条目集录

　　《经义述闻》一书，意在"就古音以求古义""引申触类"，进而将经史传记当中的错讹、误训进行总结，又通过同字之误而联系到他书之例，达到了"触类旁通"的目的。然由于札记体裁所限，有条目为通一字而举若干例，导致部分释例未以时代顺序排列。又加之部分原文及断句也不甚明了，传文与释义未能够一一对应。故笔者特拟《〈经义述闻〉勘考〈春秋〉条目集录》，将《经义述闻》中对《春秋》三传的辨正加以整理总结，将诸条目以时代顺序进行罗列，对传文及断句错误进行纠正，以达到考究三传经义之目的。

一、《春秋左传》

隐公五年：

鸟兽之肉不登于俎，皮革、齿牙、骨角、毛羽不登于器。 ○校"之"为"其"。言其肉不登于俎，皮革、齿牙、骨角、毛羽不登于器。

隐公六年：

宋卫实难，郑何能为。 ○训"实"为"是"，训"难"为"患"。言唯宋卫是患。

长恶不悛，从自及也。 ○校"从"为"徒"。言长恶不悛，无害于人，徒自害而已。

恶之易也，如火之燎原。 ○训"易"为"延"。言恶之延易如火之燎原而不可扑灭。

隐公七年：

戎朝于周，发币于公卿。 ○训"发"为"致"。言发币犹致币。

隐公九年：

宋公不王，郑伯为王左卿士，以王命讨之。 ○训"不王"为"不朝"。言宋公不朝。

隐公十一年：

君与滕君，辱在寡人。 ○训"在"为"存"。言存问之也。

寡人唯是一二父兄，不能共亿。○"共"当读为去声，训"共亿"为"相安"。言一二父兄不能共安。

周之子孙，日失其序。 ○训"序"为"叙""绪"，业也。

而① 与郑人苏忿生之田，温、原、絺、樊、隰郕。 ○校"郕"为"成"，

---

① "而"，《经义述闻》王氏家刻本作"王"，为读者检索便利，今据《十三经注疏》清嘉庆刊本改。

"成"为"城"之借字，非邑名。

桓公二年：

夫德，俭而有度，登降有数。 ○训"登"为"增其数"，训"降"为"减其数"。以数言之，皆谓增减。

今灭德立违，而置其赂器于大庙。 ○训"违"为"邪"。言立奸回之臣。

桓公五年：

祝聃射王中肩，王亦能军。 ○校"亦"为"不"。言王之余师不复能成军。

始杀而尝，闭蛰而烝。 ○考"始杀"为"孟秋"。言孟秋建申之月。

桓公十一年：

郧人军其郊，必不诫，且日虞四邑之至也。 ○训"虞"为"望"。言日望四邑之至。

桓公十三年：

见莫敖而告诸天之不假易也。 ○训"假易"为"宽纵"。言天道之不相宽纵也。

桓公十八年：

并后、匹嫡、两政、耦国，乱之本也。 ○考"政"为"正卿"。正卿为百官之长，故谓之"正"。

庄公八年：

反，诛履于徒人费。 ○校"徒"为"侍"。侍人，即寺人。

庄公十四年：

且寡人出，伯父无里言。 ○言"无里言"为"不同内言于外"。

庄公十八年：

王飨醴，命之宥。 ○训"宥"为"施报"。言命之宥者，所以亲之也。

皆赐玉五瑴，马三匹。 ○校"三"为"三"，古"四"字。

庄公二十三年：

朝以正班爵之义，帅长幼之序。　〇训"义"为"仪"。言正朝仪之位。

诸侯有王，王有巡守。　〇训"有王"为"有朝"。言诸侯有朝，王有巡守。

庄公二十八年：

赂外嬖梁五与东关嬖五。　〇校"东关"下衍"嬖"字。

闵公二年：

龙凉，冬杀，金寒，玦离。　〇训"龙""凉"皆为"杂"。

僖公四年：

五侯九伯，女实征之，以夹辅周室。〇考"五侯九伯"为分居五服之侯、散居九州之伯。

楚国方城以为城，汉水以为池。　〇校衍"水"字。言"方城"者，山名；"汉"者，水名。

虽众，无所用之。　〇校"虽"下脱"君之"，本作"虽君之众"。

僖公五年：

谚所谓辅车相依，唇亡齿寒者。　〇考"辅车"谓之"牙车"或"颊车"。言取诸车以为喻。

吾享祀丰絜，神必据我。　〇训"据"为"依"。

僖公九年：

以是藐诸孤，辱在大夫。　〇训"诸"为"者"。犹言赢者阳耳。

吾与先君言矣，不可以贰。　〇校"贰"为"貣"，同"忒"。言吾已与先君言矣，不可以变改。

僖公十二年：

余嘉乃勋，应乃懿德，谓督不忘。　〇训"应"为"受"。言我受女美德而不忘也。

管仲受下卿之礼而还。 ○校"受"上当为"卒"。言王随不许，而管仲终不敢以上卿自居。自《唐石经》始脱"卒"字。

僖公十五年：

且晋人戚忧以重我，天地以要我。 ○校"重"为"动"。言晋大夫反首拔舍以感动我也。

孤虽归，辱社稷矣，其卜贰圉也。 ○校"贰"为"貣"，"代"之借字。言卜他公子以代子圉。

不利行师，败于宗丘。 ○考"宗丘"在晋地，为"韩原"之别名。

侄其从姑，六年其逋。 ○训"侄"为"震"，"姑"为"离"。言伯姬与子圉为姑侄之象也。

僖公二十三年：

怀公命无从亡人，期期而不至，无赦。 ○校"怀公"下脱"立"字。言凡诸侯即位，必书"某公立"，此不书"立"，亦与全书之例不符。

其波及晋国者，君之余也。 ○训"波"为"播"。言散及晋国者。

僖公二十四年：

臣负羁绁从君巡于天下，臣之罪甚多矣。 ○校"甚"为"其"。言语意已足，不必言"甚多"。

丁未朝于武宫。 ○校"丁未"下当有"入于绛"。言武宫在绛，不在曲沃，必先入于绛而后朝于武宫。

行者甚众，岂唯刑臣。 ○校"甚"为"其"。言君若念旧恶，则行者其众矣。

国君而仇匹夫，惧者甚众矣。 ○校"甚"为"其"。

昔周公吊二叔之不咸，故封建亲戚以蕃屏周。 ○言"伤夏殷之叔世，疏其亲戚"。

遂奉大叔以狄师攻王。 ○校衍"狄师"。盖颓叔桃子先奉大叔以攻王，欲以大叔代王也。

子臧之服，不成也夫。　○校"服"为"及"。言子臧之所以及于难者，由服之不称也。

僖公二十五年：

楚鬭克屈御寇，以申息之师戍商密。　○考"商密"为"章密乡"。

赵衰为原大夫，狐溱为温大夫，卫人平莒于我，十二月，盟于洮，修卫文公之好，且及莒平也。晋侯问原守于寺人勃鞮，对曰："昔赵衰以壶飧从，径馁而弗食，故使处原"。（错简二十八字）○校"晋侯"以下二十八字，当在"卫人平莒于我"之前。

昔赵衰以壶飧从径馁而弗食。　○训"径"为"经"。

僖公二十八年：

听舆人之谋，曰称舍于墓。　○校衍"曰"。言舆人之谋，言舍于墓也。

距跃三百，曲踊三百。　○训"百"为"陌"，横越而前。

背惠食言以亢其雠。　○训"亢"为"扞蔽"。言亢楚之雠者，楚攻宋而晋为之扞蔽也。

请与君之士戏，君冯轼而观之。　○训"戏"为"角力"。

晋车七百乘，韅靷鞅靽。　○校"靷"为"靳"。

王享醴，命晋侯宥。　○训"宥"为"施报"。言其命晋侯与王飧酬酢。

有渝此盟以相及也。　○校"以"为"反"。

僖公三十年：

飧有昌歜、白黑、形盐。　○校"歜"为"歊"。

僖公三十一年：

晋新得诸侯，必亲其共。　○校"共"为"先"。自《唐石经》始误。

僖公三十二年：

必死是闲，余收尔骨焉。　○言必在此战死，不可在他处，死有定所，乃可收尔骨也。

僖公三十三年：

郑之有原圃，犹秦之有具囿也。　○校"囿"为"圃"。

未报秦施而伐其师，其为死君乎。　○言"死君"为忘其先君。

不替孟明孤之过也。　○校"孟明"下当有"曰"。"不替孟明"四字及"曰"字皆左氏记事之词。

文公元年：

呼，役夫。　○训"呼"为"吁"。言"吁"为惊怪之声。

宜宣王之欲杀女而立职。　○校"杀"为"废"。

凡君即位，卿出并聘。　○训"并"为"普""徧"。言徧聘也。

文公三年：

君子是以知秦穆公之为君也。　○校衍"公"。言秦穆之称犹言齐桓、晋文，后人不知古人省文之例，故辄加"公"字。

文公六年：

古之王者知命之不长，是以并建圣哲。　○训"并"为"普""徧"。言徧建圣哲也。

陈之艺极，引之表仪。　○训"表仪"为"法度"。言"表仪"与"艺极"义相近，皆所以喻法度。

求而无之实难，过求何害。　○训"实"为"是"，训"难"为"患"。言唯求而无之是患。

文公七年：

训卒，利兵，秣马，蓐食。　○言食之丰厚于常。言两军相攻，或竟日未已，故必厚食乃不饥。

文公十一年：

宋公于是以门赏耏班，使食其征。　○训"门"为"城门"。言城门与关皆有税，此所食者城门之税。

文公十二年：

郕伯卒，郕人立君。大子以夫钟与郕邽来奔。① ○校"邽"为"圭"。言郕大子以郕圭来奔。

文公十五年：

诸侯盟于扈，无能为故也。 ○校衍"故"字。言其无能为也。

文公十七年：

克灭侯宣多，而随蔡侯以朝于执事。 ○"灭"与"咸"古字通，训"灭"为"灭绝"。

文公十八年：

天下之民谓之饕餮。 ○训"饕餮"为"贪财、贪食总谓"。言贪得无厌者为饕餮。

宣公二年：

宣子田于首山，舍于翳桑。……翳桑之饿人也。 ○考"翳桑"为地名。

不告而退，遂自亡也。 ○言赵盾亡。

赵穿攻灵公于桃园。 ○校"攻"为"杀"。言赵穿杀灵公。

宣子未出山而复。 ○考"山"为"温山"。

宣公四年：

及食大夫鼋，召子公而弗与也。 ○校"鼋"下当有"羹"字。言鼋羹以食大夫也。

楚人谓乳谷，谓虎于菟，故命之曰斗谷于菟。 ○校衍"斗"字。

宣公十一年：

谓陈人无动，将讨于少西氏。 ○训"动"为"惊惧"。

---

① "郕伯卒，郕人立君。大子以夫钟与郕邽来奔"，《经义述闻》王氏家刻本作"郕大子以夫钟与郕邽来奔王"，今据《十三经注疏》清嘉庆刊本改。

诸侯县公皆庆寡人。 〇言"县公"为"县尹"。言公为县大夫之通称。

宣公十二年：

老有加惠，旅有施舍。 〇训"施舍"为"赐予"。言有所赐予，使不乏困。

广有一卒，卒偏之两。 〇考"卒"为一百人，"偏"为"五十人"，"两"指两倍。

先人有夺人之心，薄之也。 〇校"薄之"下脱"可"。言"薄之可也"为总结上文之辞。

驹伯曰：待诸乎。 〇训"待诸"为"御"。言收军而退也。

故使子孙无忘其章。 〇训"章"为"章明功业"。言凡功之显著者谓之"章"。

今罪无所，而民皆尽忠以死君命，又可以为京观乎？ 〇训"可"为"何"。言古之为京观所以惩有罪也，今晋实无罪，则将何以为京观乎？

宣公十三年：

我则为政而亢大国之讨，将以谁任，我则死之。 〇训"亢"为"当"。"大国之讨"言晋讨卫之救陈也，言我实掌卫国之政而当晋之讨，不得委罪于他人也。

宣公十五年：

《周书》所谓"庸庸祗祗"者，谓此物也夫。 〇训"物"为"类"。言所谓"庸庸祗祗"者，其谓此类也夫。

成公二年：

有先君之明与先大夫之肃。 〇训"肃"为"敏捷"。言先大夫之敏捷。

余虽欲于巩伯，其敢废旧典以忝叔父。 〇训"欲"为"好"。言余虽爱好巩伯，不敢废旧典，而以献捷之礼相待。

成公三年：

荀罃之在楚也，郑贾人有将寘诸褚中以出。　○训"褚"为"装衣"。言褚可以装物，亦可以装人，故郑贾人欲寘荀罃于褚中以出。

成公七年：

以两之一卒适吴，舍偏两之一焉。　○校衍"两之"。言"以一卒适吴"。

成公八年：

夫岂无辟王，赖前哲以免也。　○校"免"为"勉"。

成公九年：

虽有丝麻，无弃菅蒯。　○言丝麻菅蒯，皆可为履，菅蒯虽不如丝麻，然其为履则一也，故不可弃。

成公十三年：

奸绝我好，伐我保城。　○训"保"为"小城"。

是以有殽之师，犹愿赦罪于穆公。　○训"赦"为"释"，解也。言分叔孙氏之邑以赂南遗，将以自释其罪也。

晋将伐女，狄应且憎，是用告我。　○训"应"为"受"。言狄人受君之言且憎君之无信，是以来告我也。

成公十六年：

邲之师，荀伯不复从。　○校"从"疑作"徒"。言徒众之不反者多矣。

塞井夷灶，陈于军中而疏行首。　○训"首"为"道"，疏通也。言井灶已除，则队伍之道疏通无所窒碍矣。

而三军萃于王卒，必大败之。　○校"三"为"三"。言晋之四军，合而攻楚之中军。

以君之灵，闲蒙甲胄。　○校"闲"为"与"。言以君之灵，得与蒙甲胄也。

为事之故，敢肃使者。　○言"事"为楚子使人来问之事。

成公十八年：

始命百官，施舍已责。　○训"施舍"为"赐予"。

举不失职，官不易方。　○训"方"为"常"。言不易常。

师不陵正，旅不偪师。　○师、旅言一般官吏之名位，言小师旅不加大。

襄公四年：

两君相见之乐也，臣不敢及。　○校"臣"上当有"使"字。言三《夏》《文王》皆非宴使臣之乐，故曰"使臣不敢及"。

襄公七年：

今既耕而卜郊，宜其不从也。　○训"耕"为"正月"。言正月已耕矣，二月乃卜郊。

襄公八年：

亲我无成，鄙我是欲，不可从也。　○言楚之亲我有始无终，而其心且欲以我为鄙邑，故楚不可从。

焚我郊保，冯陵我城郭。　○训"保"为"小城"，"郊保"与"城郭"相对为文。训"冯"为"陵"。

襄公九年：

令遂正纳郊保，奔火所。　○训"保"为"小城"。言纳国外及县邑小城之民，使奔救火。

举不失选，官不易方。　○训"方"为"常"。

范匄少于中行偃而上之，使佐中军。　○校"上之"二字上脱"中行偃"三字。言范匄年少于中行偃，而偃以匄为贤，让之使居己上也。

韩起少于栾黡，而栾黡、士鲂上之，使佐上军。　○校衍"士鲂"。言下均将次于上军佐，韩起若不佐上军，则栾黡当佐上军矣。

魏绛请施舍，输积聚以贷。　○训"施舍"为"赐予"。

襄公十年：

官之师旅，不胜其富。　○言"师旅"为群有司之名。

襄公十一年：

则武镇以摄威之。　○训"摄"为"惧"。谓武震以畏惧之。

襄公十三年：

请从伯游，荀偃将中军，士匄佐之。　○校"荀偃"上当有"使"字。言晋侯使士匄将中军，而士匄辞以荀偃，故使荀偃将中军，士匄佐之。

君子尚能而让其下，小人农力以事其上。　○训"农力"为"勉力"。"小人农力以事其上"与"君子尚能而让其下"对文，言在下者皆勉事其上而无争心也。

襄公十四年：

今官之师旅，无乃实有所阙。　○言"师旅"为群有司之名。

吾令实过，悔之何及，多遗秦禽。　○训"多"为"祇"。言我若不归，则适为秦所禽获而已。

射为背师，不射为戮，射为礼乎。　○校"为"为"而"。言射则为背师，不射则为戮，其惟射而礼乎？。

先君有冢卿以为师保而蔑之，二罪也。余以巾栉事先君而暴妾使余，三罪也。① ○校"暴"字在"蔑"字上。言"暴蔑"为轻慢。

闻君不抚社稷而越在他竟。　○训"越"为"播越"。

商旅于市，百工献艺。　○训"旅"为"胪"。

遒人以木铎徇于路。　○校"遒"为"迅"。言古之迅人亦犹是也。

官师相规，工执艺事以谏。　○考"官师"为官之小者。

---

① "先君有冢卿以为师保而蔑之，二罪也。余以巾栉事先君而暴妾使余，三罪也"，《经义述闻》王氏家刻本作"先君有冢卿以为师保而蔑之，余以巾栉事先君而暴妾使余"，今据《十三经注疏》清嘉庆刊本改。

襄公十八年：

及秦周，伐雍门之萩。 ○训"萩"为"楸"。

襄公十九年：

其为未卒事于齐故也乎。 ○训"也"为"邪"，校衍"乎"字。

襄公二十年：

赋《常棣》之七章以卒。 ○训"以"为"与"，训"卒"为"卒章"。
言赋《常棣》之七章与卒章也。

襄公二十二年：

子南之子弃疾为王御士。 ○训"御"为"侍"。言"御士"为侍从之臣。

襄公二十三年：

吾非爱死也，知不集也。 ○言"知不集"为"知事之必不成"。

若羯力，则季氏信有力于臧氏矣。 ○校"臧"当为"孟"。言秩本当
立，立之不足以为功，羯不当立而季氏立之，则信有功于孟氏矣，谓羯必感其
恩也。

孟孙之恶我，药石也。 ○训"药"为"疗"。言药石为疗疾之石。

季孙召外史掌恶臣而问盟首焉。 ○训"首"为"道"。言"盟道"为恶
臣之道。

夫鼠昼伏夜动，不穴于寝庙，畏人故也。 ○言"寝庙"为"人之寝室"。
寝庙为人之寝室言之，故鼠不敢居。

襄公二十四年：

何没没也，将焉用贿。 ○训"没"为"贪"，重言之为"没没"。

襄公二十五年：

吾焉得死之而焉得亡之，将庸何归。 ○训"庸"为"何"。言将何归也。

一与一，谁能惧我。 ○训"与"为"当"，敌也。

自六正五吏三十帅，三军之大夫。 ○考"五吏"为"一司马、二司空、

三舆帅、四候正、五亚旅”，考“三十帅”为“千乘”。

百官之正长师旅及处守者，皆有赂。　○言“正长”为部门负责者，师旅为其官属，先正长而后师旅。

今陈介恃楚众以凭陵我敝邑，不可亿逞。　○训“亿”为“满”，训“逞”为“盈”。言其欲不可满盈也。

蔿掩书土田，度山林，鸠薮泽。　○训“鸠”为“究”。言“度山林”“鸠薮泽”皆取相度之义。

表淳卤，数疆潦，规偃猪。　○训“疆潦”为“礓磱”。言数其疆界有水潦水者，计数减其租税也。

襄公二十六年：

吾受命于先人，不可以贰。　○校“贰”为“貣”，“代”之借字。言不可以改变。

襄公二十七年：

志诬其上，而公怨之，以为宾荣，其能久乎？幸而后亡。　○训“怨”为“刺”，训“亡”为“出奔”。言伯有志诬其君，于君享赵孟之时，赋《鹑之贲贲》之诗，公然讥刺之以宾荣宠也。

天生五材，民并用之。　○训“并”为“普”“徧”。言徧用之也。

襄公二十八年：

龙，宋郑之星也。　○考“龙”为岁星，宋郑以岁星为候。

襄公二十九年：

思深哉，其有陶唐氏之遗民乎。　○校“民”为“风”，作“遗风”。

广哉熙熙乎。　○训“熙熙”为“广”。言其广熙熙然。

五声和，八风平。○言“八风”为“八音”，乐之有八音，以应八方之风。

天又除之，夺伯有魄，子西即世，将焉辟之。　○言“子”指“子产”。言子产位当知政，而世皆称其善，天又开除子产而夺伯有之魄，则政将焉避子产也。

襄公三十年：

过诸廷，闻其叹。 ○校"过"为"遇"。言愆期遇之于廷，故曰遇诸廷。

女待人，妇义事也。 ○训"义"为"仪"。言妇当度事而行，不必待人。

国之祸难，谁知所敝。 ○训"敝"为"终"。言不知祸难所终。

与子上盟，用两珪质于河。 ○校"用"上衍"盟"字。言用两珪质于河，此誓也，非盟也。

于是岁在降娄，降娄中而旦。 ○言五月降娄未中。

襄公三十一年：

且年未盈五十，而谆谆焉。 ○训"谆谆"为"訰訰"。言赵孟年未满五十而眊乱。

高其闬闳，厚其墙垣。 ○校"闳"为"阁"。"高其闬阁"言馆门高大。

缮完葺墙，以待宾客。 ○校"完"为"宇"。言缮宇葺墙，以待宾客。

北宫文子见令围之威仪。 ○校衍"威"字。言令尹之言语瞻视行步，有似人君，非谓其有威仪。

民所不则，以在民上，不可以终。 ○训"可"为"何"。"不可以终"本作"可以终世"。

施舍可爱，进退可度。 ○训"施舍"为"赐予"。

昭公元年：

不靖其能，其谁从之？鲁叔孙豹可谓能矣，请免之以靖其能者。 ○训"靖"为"旌"，有表彰风劝之义。

造舟于河，十里舍车。 ○训"造"为"曹"。言相比次之名。

勿使有所壅闭湫底，以露其体。 ○训"露"为"羸"，瘦也。言然则气郁而不宣者，体之所以瘦也。

是谓近女室疾如蛊。 ○校"室"为"生"。言"近女，生疾如蛊"。

昭公三年：

君若不弃敝邑，而辱使者董振择之。　○训"董"为"动"。言震动，战栗变动也。

岂唯寡君举群臣实受其贶。　○训"举"为"与"。言不唯寡君与群臣受赐而已。

则使宅人反之，且谚曰。　○校"且"为"曰"。言晏子既使宅人反其故室矣，因谓宅人曰"谚曰"。

昭公四年：

君若苟无四方之虞。　○训"虞"为"忧"。

是以先王务修德者，以亨神人。　○训"亨"为"享"。言人固不可言享，亦得因神而并称之。

弑其君，弱其孤，以盟其大夫。　○言崔庆盟国人于大宫。

昭公五年：

竖牛祸叔孙氏，使乱大从，杀适立庶子。　○训"从"为"顺"。言立适，大顺也，今杀适立庶，则乱大顺矣。

昭公六年：

始吾有虞于子，今则已矣。　○训"虞"为"望"。言昔也吾有望于子，今则无望。

昔先王议事以制，不为刑辟。　○训"议"为"仪"。言度事之轻重，以断其罪，不豫设为定法也。

诲之以忠，耸之以行。　○训"耸"为"奖"。言举善行以奖劝之。

则不忌于上，并有争心。　○训"并"为"普""徧"。言徧有争心也。

昭公七年：

楚子成章华之台，愿与诸侯落之。　○训"落"为"始"。言与诸侯始其事也。

辱见寡君，宠灵楚国。 ○训"灵"为"福"。言宠福楚国。

君若不来，使臣请问行期。 ○言"行期"为会盟之期。

晋师必至，吾无以待之。 ○训"待"为"御"。

并走群望，有加而无瘳。 ○训"并"为"普、徧"。言徧走群望也。

今梦黄熊入于寝门，其何厉鬼也。 ○校别本"黄能"之误。

叔父陟恪在我先王之左右。 ○训"恪"为"格"。言魂生于天也。

孟僖字病不能相礼。 ○校衍"相"字。言不能者，总言之曰"不能礼"。

吾闻将有达者曰孔丘，圣人之后也。 ○考圣人之后即孔子为弗父、考父之后。

圣人有明德者，若不当世。 ○考圣人为弗父何、正考父。

事序不类，官职不则。 ○训"则"为"等、均"

昭公八年：

怨讟并作，莫保其性。 ○训"并"为"普、徧"。言徧作也。

昭公九年：

晋侯饮酒，乐。 ○言"乐"为平公饮酒而乐作。

昭公十年：

孤斩焉在衰绖之中。○训"斩"为"惭"。言惭焉者，为哀痛忧伤之貌。

昭公十一年：

视不登带，言不过步，貌不道容。 ○校"貌"为"视"。言容不道容矣。

昭公十二年：

是四国者，专足畏也。 ○校"四"为"三"。言陈、蔡、不羹为三国。

形民之力，而无醉饱之心。 ○训"形"为"刑"。言惟成民是务，而无纵欲之心。

昭公十三年：

施舍宽民，宥罪举职。 ○训"施舍"为赐予。

子毋勤，姑归。　○训"勤"为"辱"。以其降服而对，故曰子毋辱。

乃并征会，告于吴①。　○训"并"为"普""徧"。

好学而不贰，生十七年，有士五人。　○校"贰"为"貣"，同"忒"。言好学始终不变也。

施舍不倦，求善不厌。　○训"施舍"为赐予。

昭公十四年：

不为末灭，曰义也夫……杀亲益荣，犹义也夫②。　○校"曰"为"由"，训"犹"为由。言大义灭亲，叔向能行大义，故不为末灭也，再言"由义也夫"，所以深叹美之。

昭公十五年：

对曰：臣岂不欲吴。　○训"欲"为"好"。言岂不好吴。

昭公十六年：

侨闻君子非无贿之难，立而无令名之患，侨闻为国，非不能事大字小之难。　○训"难"为"患"，又见"宋卫实难"。言君子非无贿是患，而无令名是患；为国非不能事大字小是患，无礼以定其位是患也。

昭公十九年：

若大城城父而置大子焉以通北方，王收南方，是得天下也。　○考"父城"在宝丰县西北。

寡君之二三臣，札瘥夭昏。　○训"昏"为"泯没"。

私族于谋，而立长亲。　○言私谋于族而立长亲。

昭公二十年：

臣不佞，不能苟贰。　○校"贰"为"貣"，同"忒"。言奉初命以周旋，

---

①　"乃并征会，告于吴"属昭公十三年《传》，《经义述闻》王氏家刻本列于昭公十四年下，今据《十三经注疏》清嘉庆刊本改。

②　"不为末灭，曰义也夫……杀亲益荣，犹义也夫"，《经义述闻》王氏家刻本作"不为末灭，曰义也夫。又杀亲益荣，犹义也夫"，今据《十三经注疏》清嘉庆刊本改。

不能改变也。

棠君尚谓其弟员曰。 ○校"君"为"尹"。言尚为棠邑大夫，故谓之棠尹。

亲戚为戮，不可以莫之报也。 ○言"亲戚"为"其父"，古人称父母为亲戚。

阿下执事，臣不敢贰。 ○校"贰"为"貣"，同"忒"。言奉寡君之命，不敢改变也。

余姑为之求士，而鄙以待之。 ○训"鄙"为"野"。言退处于野以待之。

琴张闻宗鲁死，将往吊之。杜注：琴张字子开名牢。 ○考琴张无名牢。

齐侯疥遂痁，期而不瘳。 ○驳"疥"为"痎"之说

偪介之关，暴征其私。 ○校"介"为"尒"，近也。

郑国多盗，取人于萑符之泽。 ○训"取"为"聚"。言人即盗也，群盗皆聚于泽中。

出涕曰"古之遗爱也"。 ○训"爱"为"仁"，谓子产之仁爱有古人之遗风。

昭公二十一年：

子无我迁，不幸而后亡。释文：迁求枉反。 ○校释文"求"为"丘"，为"迁，丘枉反"。

昭公二十二年：

人牺实难，己牺何害。 ○训"实"为"是"，训"难"为"患"。言唯他人为牺是患。

昭公二十四年：

士伯立于干祭而问于介众。 ○校"介"为"亓"，古"其"字。言问于周之众庶也。

阳不克，莫将积聚也。 ○校"莫"为"其"。言阳气不克，其将积聚而

为旱也。

王子朝用成周之宝珪于河。　○校"于河"为"沈于河"，与前文"用两珪质于河"同例。

昭公二十五年：

为六畜五牲三牺，以奉五味。　○考"五牲"为"牛、羊、豕、犬、鸡"，"三牺"即"大牢"为"牛、羊、豕"。

喜有施舍，怒有战斗。　○训"施舍"为"赐予"。

文中言季郈者一，言郈氏者二，言郈昭伯者二，言郈孙者四。　○校"郈"为"后"，"厚"之借字。

昭公二十六年：

诸侯莫不并走其望以祈王身。　○训"并"为"普""徧"。言徧走其望也。

宣王有志，而后效官。　○训"志"为"识"。言长而有知识也。

咸黜不端，以绥定王家。　○训"咸"为"灭"，灭绝之意。言晋文杀叔带，郑厉杀子颓也。

单刘赞私立少以闲先王。　○训"闲"为"干"。言干犯先王之命也。

天道不谄，不贰其命。　○校"贰"为"貣"，同"忒"。言其命不差也。

并建母弟，以蕃屏周。　○训"并"为"普""徧"。言徧建母弟。

昭公二十九年：

官宿其业，其物乃至，若泯弃之，物乃坻伏。　○训"宿"为"佀"，古字"夙"也，训"坻"为"敁"，隐也。言居官者，能敬修其业，其所掌之物乃至也，灭其业而不修，则所掌之物乃隐伏而不出也。

又加范焉，易之亡也。　○训"易"为"疾""速"，言中行寅擅作刑器以召祸，又加以范氏之旧恶，是速之使之亡也。

昭公三十年：

若为三师以肆焉，一师至，彼必皆出。　○训"肆"为"肆"。

昭公三十一年：

有所有名而不如其已，以地叛，虽贱必书。 ○训"所"为"时"

不为义疚。 ○校"不为"下脱"不"

昭公三十二年：

俾我兄弟并有乱心，以为伯父忧。 ○训"并"为"普""徧"。言徧有

争心。

鲁君世从其失，季氏世修其勤。 ○训"失"为"佚"。言佚与勤正相反，

言鲁君世纵其佚以失民，季氏世修其勤以得民也。

元年春正月辛巳晋魏舒合诸侯之大夫于狄泉将以城成周 1。 ○言

此事不应在定公元年，应书于昭公三十二年冬。

定公元年：

孟懿子会城成周，庚寅栽。 ○即昭三十二年所载"以城成周"之事，

误载于是年正月。言"庚寅"在昭三十二年十一月。

城三旬而毕，乃归诸侯之戍。 ○言此事始于昭三十二年冬十一月。

定公四年：

楚未可以得志，只取勤焉。 ○训"勤"为"辱"。

备物典策，官司彝器。 ○言"备物"为"服物"。

分康叔以大路少帛，綪茷旃旌。 ○训"少"为"小"，"帛"为"白"。

言"少帛"为"小白"，盖以旗为名。

管蔡启商，惎闲王室。 ○训"惎"为"基"，谓谋犯王室也。

不敢以约为利。 ○训"约"为"利"，言因楚子穷困而得见，则是以

"约"为利。

---

① "冬十一月，晋魏舒、韩不信如京师，合诸侯之大夫于狄泉，寻盟，且令城成周"，《经
义述闻》王氏家刻本作"元年春正月辛巳晋魏舒合诸侯之大夫于狄泉将以城成周"，今据《十三
经注疏》清嘉庆刊本改。

定公九年：

吾从子，如骖之靳。 ○校"靳"前有"有"字。

定公十五年：

存亡有命，事楚何为？多取费焉。 ○训"多"为"祗"。言服事楚国何益之有，适自取贡献之费而已。

哀公元年：

室不崇坛，器不彤镂。 ○校"彤"为"雕"。

哀公二年：

郑胜乱从，晋午在难。 ○训"从"为"顺"。言"乱从"为犯顺。

哀公五年：

三军之事乎不与谋，师乎师乎，何党之乎？ ○校衍"之乎"。

哀公六年：

潜师闭涂，逆越女之子章立之而后还。 ○校"涂"为"壁"字。

哀公八年：

不足以害吴而多杀国士，不如已也。 ○训"多"为"祗"。言不足以害吴，而适伤鲁之国士也。

哀公九年：

利以伐姜，不利子商。 ○校"子"为"予"，"予"即"与"字。

哀公十三年：

鲁将以十月上辛，有事于上帝先王。 ○校"先王"为"先公"。

旨酒一盛兮。 ○言"盛"为今时杯杆。

哀公十四年：

叔孙氏之车子鉏商获麟。 ○考"车子"为子鉏，盖其氏，商，其名也。

哀公十六年：

失志为昏，失所为愆。 ○训"志"为心知，言哀公之失礼，由于自失其心知，故曰失志为昏也。

与不仁人争明无不胜。 ○训"明"为"强"，读"与不仁人证明"为句。
使处吴竟为白公。 ○校衍"吴"字。

哀公二十一年：

鲁人之皋，数年不觉，使我高蹈。 ○训"皋"为"咎"，训"高蹈"为嗔怒貌。言鲁人不答稽首之咎，数年而犹不自觉，故使我高蹈而来也。

二、《春秋公羊传》

隐公元年：

会犹最也；及犹汲汲也；暨犹暨暨也。 ○校"最"当作"冣"。
母欲立之，己杀之，如勿与而已矣。 ○校"如"上不当有"不"。

隐公二年：

始灭于此乎。何注曰："昉，适也，齐人语。"○训"适"为"始"。

某月某日朔日有食之者，食正朔也。 ○训"正"为"当"。言"食正朔"为日之食当月之朔。

以吾爱与夷，则不若爱女，以为社稷宗庙主，则与夷不若女。 ○考"与夷"与"女"字为上下互讹，原本应作"以吾爱女则不若爱与夷"。

隐公四年：

吾为子口隐矣。 ○训"口"为"发动"。言以己之言发动隐公之言。

隐公九年：

何异？尔俶甚也。 ○训"俶"为"厚"。言厚莫甚于此。

桓公元年：

（元年）春王正月，公即位。 ○考《公羊传》中"元年春"后言"公"不言"王"。

桓公二年：

器之与人，非有即尔。　○校应作"非即有尔"。

桓公六年：

大阅者何？简车徒也。　○校衍"徒"字。言搜惟简徒，大阅惟简车，大搜则合车徒而并简之，故《传》分别言之。

桓公十一年：

少辽缓之，则突可故出，而忽可故反。　○训"故"为"固"，固者，必也。言突可使之必出，忽可使之必反也。

是不可得则病，然后有郑国。　○训"并"为"辱"，耻也。言耻其事之不成，非病逐君之罪。

桓公十七年：

二月丙午，公及邾娄仪父盟于走佳。五月丙午，及齐师战于奚。　○考"二月"为甲戌朔；考"五月"为壬寅朔。

庄公四年：

今纪无罪，此非怒与。　○训"怒"为"努"，太过之谓也。言今日之纪无罪，乃因其先世有罪而灭之，此非太过与？

古者有明天子，则纪侯必诛，必无纪者。　○校"必无纪"下不当有"者"。

然则齐纪无说焉，不可以并立乎天下。　○训"说"为"号辞"。言齐之先君为纪所害，则齐、纪先世有不共戴天之雠，不忍复称先君，故无辞以相接也。

庄公十二年：

万臂搣仇牧，碎其首，齿着乎门阖。　○训"臂"为"辟"，椎击也。言批搣仇牧也。

庄公十八年：

此未有言伐者，其言追何？ ○校衍"言"。言此时未有伐鲁者，而《经》言追，则大其非为己追，而为中国追也。

庄公十九年：

娣者何？弟也。 ○校"弟也"本作"女弟也"。别乎弟而言之也。

僖公四年：

于桓公为主，序绩也。 ○校"序绩"为"予积"。言予桓公之积善。

僖公二十二年：

宋公曰：吾虽丧国之余。 ○考"丧国"为商，"丧国之余"为宋。

僖公二十六年：

师出不正反，战不正胜也。 ○训"正"为"定"。言"不正"为事不可必之。

此已取谷矣，何以致伐未得乎取谷也？ ○训"得"为"便"。言鲁内虚而外乞师以犯强齐，则后患将至，谷虽已取，其计不便于鲁也。

僖公三十一年：

犹者何？通可以已也。① ○训"通"为"道"，言也。言言可以已也。

僖公三十三年：

尔即死，必于殽之嵚岩。 ○训"即"为"若"。言尔若死。

或曰往矣，或曰反矣。 ○校"往""反"当上下互易

匹马只轮无反者。释文：只，如字，一本又作易轮。 ○训"易"为"只"。

---

① "犹者何？通可以已也"属僖公三十一年《传》，《经义述闻》王氏家刻本列于僖公二十一年，今据《十三经注疏》清嘉庆刊本改。

文公二年:

三月癸亥朔，日有食之。① ○校衍"朔"字。

大旱之日短而云灾，故以灾书。 ○训"云"为"有"。言有灾也。

三年之恩疾矣，非虚加之也，以人心为皆有之。○训"人"之言"仁"。言以仁心皆有之者，以哀痛父母之心为众。

文公十三年:

封鲁公以为周公主，则周公曷为不之鲁？ ○校衍"主"字。言封鲁公以为周公。

周公用白牲，鲁公用骍牺。 ○言牛脊赤色谓之骍牺。

宣公元年:

继弑君不言即位，此其言即位何？其意也。 ○校"其意"上当有"如"字。

宣公六年:

赵盾就而视之，则赫然死人也。 ○训"赫"为"挦"。

宣公十二年:

庄王伐郑，胜乎皇门，放乎路衢。 ○训"胜"为"克"。言庄王克郑，入自皇门，非谓战胜也。

郑伯肉袒，左执茅旌，右执鸾刀，以逆庄王。 ○考"茅"为草名，"旌"则旗章之属，二者绝不相涉。

是以使寡人得见君之玉面，而微至乎此。 ○训"微"为"无"。言寡人得见君面，徒以君之不令臣激怒使然。

宣公十五年:

潞子之为善也躬，足以亡尔。 ○训"躬"为"穷"。言潞子去俗归义

---

① "三月癸亥朔，日有食之"，《经义述闻》王氏家刻本作"（文元年）二月癸亥朔，日有食之"，今据《十三经注疏》清嘉庆刊本改。

而无党援，遂至于穷困。

成公二年：

使耕者东亩，是则土齐也。 ○言齐之地为晋土。

齐君之母，犹晋君之母也，不可。 ○考"不可"上当有"曰"字。

襄公五年：

叔孙豹则曷为率而与之俱？盖舅出也。 ○言"盖舅出"为盖公与巫舅出也。

莒将灭之，故相与往殆乎晋也。 ○训"殆"为"治"，讼理也。言以鄫子欲立异姓为后后，故相与往讼理于晋也。

莒女有为鄫夫人者，盖欲立其出也。 ○言鄫女为莒夫人，则莒夫人之子，鄫之外孙也。

庚子，孔子生。何注曰：时岁在己卯。 ○考"岁在己卯"。

襄公二十八年：

乙未，楚子昭卒。 ○校"乙未"为"己未"。

襄公二十九年：

是父子兄弟相杀，终身无已也。 ○校衍"身"字。

昭公八年：

搜者何？简车徒也。 ○校衍"车"字。

昭公二十四年：

叔孙舍至自晋。 ○校衍"叔孙"。

昭公二十五年：

且夫牛马维娄委己者也而柔焉。 ○言当读"且夫牛马"为句，"维娄委己者也而柔焉"为句。"维"与"惟"同，"娄"，古"屡"字也。

季氏得民众久矣，君无多辱焉。 ○训"多"为"祇"。言民皆为季氏所用，君若伐之，则民必助之，无适自取辱也。

定公八年：

睨而曰："彼哉彼哉趣驾。"○训"睨"为"俄"，须臾之顷。

定公十四年：

三月辛巳，楚公子结、陈公子佗人帅师灭顿。○校"三"当为"二"。

哀公六年：

诸大夫见之，皆色然而骇。○训"色"为"歝"。

哀公十三年：

盗杀陈夏㢲夫。释文：夏，户雅反，一本作廉。○校"廉"为"庌"。

哀公十四年：

反袂拭面，涕沾袍。○训"袍"为"襃"。言涕沾袍为涕沾襟。

公羊灾异

三、《春秋谷梁传》

隐公元年：

君子以其可辞受之，其志不及事也。○校"其"为"且"。言当志其不及事之失。

有至尊者，不贰之也。○训"贰"为"敌""并"。言人臣不敢并于至尊。

隐公五年：

舞夏，天子八佾，诸公六佾，诸侯四佾。○考"夏"为五色羽。言舞夏为舞羽。

初献六羽，始厉乐矣。○训"厉"为"裂"。言裁减八佾为六佾。

战不逐奔，诛不填服。○训"填"为"殄"。言不杀降。

苞人民、殴牛马曰侵。○训"苞"为"俘"。言伐国取人。

隐公八年：

或说曰：故贬之也。　○校衍"说"。

震，雷也。电，霆也。　○训"电"为"霆"。

元年有王，所以治桓也。　○训"治"为"讨"

桓公二年：

于是为齐侯、陈侯、郑伯讨数日以赂。　○校"讨"作"计"

桓公三年：

言日言朔，食正朔也。　○训"正"为"当"。言日之食当月之朔。

桓公五年：

于是不服，为天子病矣。○训"病"为"羞愧"。言近犹不服，远者可知，此诚天子之羞矣。

桓公十三年：

其不地，于纪者。　○考"纪"为国名。

桓公十四年：

以为唯未易灾之余而尝可也，志不敬也。　○训"唯"为"虽"。言鲁人不易其灾之余而尝者，所以志不敬也。

桓公十八年：

十有八年春王正月，公会齐侯于泺。①　○校衍"王"字。

庄公元年：

录母之变，始人知也。　○训"人"为"仁"。言闵录夫人之不与祭，于是始仁之也。

躬君弑于齐，使之主婚姻。　○校为"君躬"

---

①　"十有八年春王正月"，《经义述闻》王氏家刻本作"十八年春王正月"，今据《十三经注疏》清嘉庆刊本改。

庄公九年：

称人以杀大夫，杀有罪也。　○校"称人以杀"后无"大夫"。

庄公十一年：

其日，成败之也，宋万之获也。　○校衍"之"字。

庄公二十二年：

如。往月，致月，有惧焉尔。　○校衍"如"字。

庄公二十三年：

礼，天子诸侯黝垩。○本不误，别本"天子丹，诸侯黝垩"衍"丹"字。

庄公二十五年：

天子救日，置五麾，陈三鼓，三兵。① ○校为"三兵三鼓"。

庄公三十一年：

或曰：倚诸桓也。　○训"倚"为"奇"，异也。言奇诸桓者，异于桓也。

僖公二年：

故非天子不得专封诸侯，诸侯不得专封诸侯。　○校衍"不得"二字。

且夫玩好在耳目之前，而患一国之后。　○校衍"之后"二字。

宫之奇谏曰："语曰'唇亡则齿寒'，其斯之谓与？"○校衍"谏"字。

不雨者，勤雨也。　○训"勤"为"忧"。言文不忧雨，正与僖之勤雨、闵雨相反。

僖公四年：

于是哆然外齐侯也。　○训"哆"为"侈"，离也。

僖公五年：

诸侯相见曰朝，以待人父之道待人之子，非正也。　○校衍"诸侯相见曰朝"六字。

---

① "天子救日，置五麾，陈三鼓，三兵"属庄公二十五年《传》，《经义述闻》王氏家刻本列于僖公二十四年，今据《十三经注疏》清嘉庆刊本改。

块然受诸侯之尊己而立乎其位，是不子也。 ○训"块然"为"独尊"。

僖公十年：

吾与女未有过切，是何与我之深也？ ○训"与"为"予"，雠也。言我与女为父子以来，未有过切，何雠我一至于此也。

僖公十二年：

十有二年春王正月庚午，日有食之。 ○校"正"为"三"，是三月庚午朔。

僖公十九年：

梁亡，出恶正也。 ○训"正"为"政"。

僖公二十年：

邢小，其为主何也？其为主乎救齐。 ○校衍"其"字。

僖公二十二年：

楚众我少，鼓险而击之，胜无幸焉。 ○训"无"为"莫"。言幸者，难得之时，易乘之势，偶尔值之者。

信而不道，何以为道？ ○校"道"为"信"。言何以为信。

僖公三十一年：

乃者，亡乎人之辞也。 ○训"亡"为"不在"。言其过不在于人也。

僖公三十三年：

进不能守，退败其师。 ○校衍"进"字。

文公六年：

上泄则下闇，下闇则上聋。 ○校"闇"为"瘖"。上泄则下闇，言君泄臣言，则臣莫敢言也；下瘖则上聋，言臣不言，则君无所闻也。

君漏言也，故士造辟而言，诡辞而出。 ○校"辟"为"膝"。

文公八年：

其以官称，无君之辞也。 ○言擅权专国为无君，无君之辞为经书司马思城是专擅无君之辞也。

文公十五年：

其远之何也？不以难介我国也。　○校"介"为"尒"，古"迩"字。

宣公元年：

于棐林地而从（后）伐郑，疑辞也。①　○校衍"郑"字。

宣公二年：

曰灵公朝诸大夫而暴弹之。　○训"暴"为"猝"。言猝然引暴弹而弹之也。

孰为盾而忍弑其君者乎？　○训"孰"为"谓"。言谁谓盾而忍弑其君。

宣公四年：

莒人辞不受治也。　○训"治"为"讨"。言鲁人讨莒，莒人辞不受讨。

宣公十六年：

周灾不志也，其曰宣榭何也？　○校"至"为"志"。

成公元年：

季孙行父秃至必自此始矣　○校当在"二年，战于鞌"之后。

成公二年：

使耕者尽东其亩，则是终土齐也，不可。　○言郤克之后二说不可行也。

成公五年：

夏，叔孙侨如会晋荀首于谷。梁山崩。　○考此梁山在冯翊夏阳县西北。

成公九年：

大夫溃莒而之楚，是以知其上为事也。　○校"知"为"叛"字。

成公十二年：

上虽失之，下孰敢有之？　○言此前天王之出，虽失天下，而诸侯莫敢有其国。

---

①　"于棐林地而从伐郑"，《经义述闻》王氏家刻本作"于棐林地而后伐郑"，今据《十三经注疏》清嘉庆刊本改。

成公十七年：

祭者，荐其时也，荐其敬也，荐其美也，非享味也。 ○校"美"为"义"字。

襄公三年：

诸侯盟，又大夫相与私盟，是大夫张也。 ○校"张"为"疆"字。

襄公九年：

不致，耻不能据郑也。 ○训"据"为"定"。言诸侯不能定郑。

襄公十年：

汲郑伯，逃归陈侯，致袑之会，存中国也。 ○校"汲"为"没"字，终也。

襄公十六年：

诸侯会而曰大夫盟，正在大夫也。 ○训"正"为"政"。言当时政在大夫，故诸侯会而大夫盟也。

襄公十八年：

非围而曰围齐有大焉，亦有病焉。非大而足同与？诸侯同罪之也，亦病矣。 ○言若非大国，何须诸侯同围之也门柱后同罪之也；"亦病矣"略与此同。

昭公八年：

车轨尘，马候蹄，揜禽旅。 ○训"轨"为"循"。言后车循前车之尘，不得旁出也。

昭公十一年：

一事注乎志，所以恶楚子也。 ○校"注"为"详"字，即详于志。

昭公二十一年：

王父诱而杀焉，父执而用焉，奔而又奔之。 ○言蔡侯之祖父，皆为楚所杀，及其出奔，乃又不奔他国而奔楚，是忘祖父而自安于雠国，故恶而贬之。

昭公二十八年：

叔倪无病而死，此皆无公也。　○言"无公"为宋公叔倪之事。

定公四年：

有美裘，正是日囊瓦求之，昭公不与。　○训"正"为"当"。言当正日。

定公十年：

退而属其二三大夫。　○训"属"为"会"，聚也。

后 记

这本小书是在我硕士学位论文框架的基础上，添加攻读博士学位的部分科研成果，并加以修改完善而成的。特别感谢我的硕士生导师张金霞教授。张老师的为人治学，我心向往之。自二〇一四年春的《文字学》课开始，我便时时得到张老师的教诲，收获良多。在我的硕士研究生求学阶段，每一步都有张老师的指点。然而我并未能够很好地达到她的要求，十分内疚。张老师在斧削我论文的严谨态度，更是让我感到惭愧。未来的日子，可能少有机会能够再得到这样的教诲，但是此书会不断地鞭策着我，令我时时自省。

更要感谢我的博士生导师梁宗华教授。梁宗华教授学识渊博而又平易近人，在我继续进行高邮二王相关研究的过程中给予了细心的指导和热情的帮助。对于王念孙的生平考释等内容，梁老师多次进行批阅，让我感受到深深的感动与钦佩。梁老师深厚的学识和严谨求实的学风将使我受益终生。

山东师范大学齐鲁文化研究院的吕文明、刘爱敏、张磊等老师，古籍整理研究所的韩品玉、李建平、李梅训、李丹博、周晓东、何会老师，承蒙诸位老师授课，学生亦收获良多。很多论文的想法和观点都源于诸师所授，他们严谨细致的学风和循循善诱的教导给予我无尽的启迪。

感谢我的家人，他们永远是我坚强的后盾。感谢他们的支持与鼓励，让我能够无后顾之忧地徜徉于知识的海洋中。我唯有努力学习，以期在学问上能更上一层楼，方能报答养育之恩。

感谢多年来与我共同学习的诸位君子在学习期间对我的无私帮助。是你们陪伴我走过这三年的学术路程，让我的学习生涯变得更加丰富多彩。

再次向以上各位授业恩师及每一位对我论文写作期间给予帮助的师长、同学以及一直在背后默默帮助、支持我的家人致以最真挚的感谢！

刘泽琳

2023 年 6 月 20 日写于山师映月亭